Dominik Mikulaschek, geboren 1983 in Linz, ist Autor der Romanreihe „Global System Change". Mit „DER UMSTURZ" setzt er die Geschichte einer weltweiten Bewegung fort, die eine neue politische Ordnung möglich machen will – und dabei auf Widerstand, Angst und Machtinteressen trifft.

Band 3 führt mitten in eine Phase globaler Zuspitzung: Der angestoßene Veränderungsprozess ist nicht mehr aufzuhalten, aber noch lange nicht gesichert. Staaten, Institutionen, Medien, Märkte und Bewegungen geraten in ein gefährliches Spannungsfeld.

Der Roman erzählt von politischen Fronten, wachsendem Druck und der Frage, ob eine bessere Weltordnung entstehen kann, bevor die alte ihre ganze Gegenkraft entfaltet.

Dominik Mikulaschek

Global System Change: DER UMSTURZ

Band 3

tredition GmbH

Druck und Distribution im Auftrag des Autors:

tredition GmbH, Heinz–Beusen–Stieg 5, 22926 Ahrensburg, Deutschland

Kontaktadresse nach EU–Produktsicherheitsverordnung:

office@company4youandme.com

Inhalt

Teil I — Fronten

1. Status der Welt: nach Band 2 ist der Prozess gestartet, aber alles wackelt

Die ersten Nachrichten an diesem Morgen klangen noch wie das Nachzittern eines politischen Ereignisses, das zu groß gewesen war, um in einer einzigen Nacht begriffen zu werden, und zu fragil, um am nächsten Morgen bereits Wirklichkeit zu sein. Auf den Bildschirmen in New York liefen zusammengeschnittene Sequenzen aus der Vollversammlung, aus Fluren, aus improvisierten Pressezonen, aus den Gesichtern von Delegierten, die im Moment der Abstimmung oder Nicht-Abstimmung noch nicht gewusst hatten, ob sie an einem historischen Beginn oder an einer diplomatisch verkleideten Verzögerung teilnahmen. In Nairobi zeigte ein Nachrichtensender die Aufnahme von Lina Koran, wie sie nach dem Ende des Prozesses nicht triumphierte, nicht einmal lächelte, sondern nur inmitten eines Korridors stehen blieb, für einen Atemzug die Augen schloss und wirkte, als wäre ihr etwas zugesprochen worden, das niemand besitzen konnte, ohne dafür zu bezahlen. In São Paulo diskutierten zwei Kommentatoren bereits darüber, ob der beschlossene Vorprozess zur globalen demokratischen Struktur der erste Schritt in Richtung politischer Reife oder der Beginn einer transnationalen Kompetenzanmaßung sei. In Delhi sprach ein Marktanalyst mit jener müden Präzision, mit der Menschen, die Zahlen lesen, manchmal Katastrophen früher erkennen als Regierungen, von Unsicherheitsschichten, die sich nicht mehr sauber trennen ließen: institutionelle Fragilität, Lieferkettennervosität, Kapitalrückhaltung, politische Instrumentalisierung von Volatilität. In Warschau lief auf einem geteilten Bildschirm die Formulierung eines Souveränitätsbündnisses, das den Vorgang als gefährlichen Präzedenzfall bezeichnete, während darunter Bilder von Demonstrierenden eingeblendet wurden, die in Kälte und Nieselregen Schilder hochhielten, auf denen dieselbe Sache entweder Rettung oder Verrat hieß. Es war noch nicht der offene Bruch, nicht der Moment, in dem die Welt wusste, dass sie in eine neue Phase eingetreten war. Aber überall war bereits jene Verschiebung zu spüren, die entsteht, wenn ein Prozess nicht mehr abstrakt ist und deshalb nicht mehr ignoriert werden kann. In einem Apartment in Manhattan, dessen Fenster trotz der frühen Stunde schon das matte Grau eines verschlafenen Himmels in sich trugen, stand Lina barfuß in der Küche und ließ das Wasser länger laufen, als nötig gewesen wäre. Sie hatte kaum geschlafen. Nicht, weil der Tag zu lang gewesen war, sondern weil er nachträglich immer wieder seine Form änderte, sobald sie die Augen schloss. Mal sah sie die Gesichter der Delegierten, die sich nicht auf Zustimmung, aber auf Verfahren eingelassen hatten. Mal sah sie den Blick eines Journalisten aus der letzten Reihe, der bereits nicht mehr fragte, ob Global System Change echt sei, sondern wem es nützen und wem es schaden würde. Mal hörte sie wieder ihre eigenen Worte und suchte in ihnen nach jenem einen Tonfall, der alles vielleicht um einen Millimeter zu weit getrieben hatte. Auf dem Tisch vibrierte das Telefon in unregelmäßigen Abständen. Drei verpasste Anrufe, achtundzwanzig neue Nachrichten, zwölf Sprachnachrichten, Hunderte Reaktionen in den gesicherten GSC-Kanälen, dazu die ersten öffentlich kursierenden Clips, die bereits aus langen Argumenten kurze Wuchtstücke gemacht hatten. Historischer Durchbruch, schrieb ein Unterstützer aus Bogotá. Niemand hat uns je so nah an die Wirklichkeit gebracht, schrieb jemand aus Accra. Ihr habt eine Tür geöffnet, die niemand mehr schließen kann, schrieb eine Frau aus Marseille. Dann, nur wenige Zeilen darunter, eine Nachricht aus einer internen Regionalgruppe in Mitteleuropa: Bereits erste koordinierte Gegenkampagnen. Lokale Medien sprechen von Machtanmaßung. Polizeipräsenz vor Treffpunkt erhöht. Bitte Sicherheitslage prüfen. Lina stellte das Glas ab, ohne zu trinken. Sie dachte nicht in Begriffen wie Sieg. Sie hatte sich schon in den Tagen vor der Entscheidung davor gefürchtet, dass die Bewegung eines Tages anfangen könnte, ihren eigenen Ernst mit Euphorie zu verwechseln. Was erreicht worden war, war kein Ankommen. Es war die offizielle Unmöglichkeit des alten Wegsehens. Mehr nicht. Und mehr als genug, um Regierungen in Panik zu versetzen, Apparate in Alarmbereitschaft zu schicken, Märkte nervös zu machen und jeden Satz der Bewegung plötzlich mit Konsequenzen aufzuladen, die bis in Sicherheitsräte, Depots, Redaktionen und Familienküchen hineinreichten. Das Telefon klingelte erneut. Diesmal nahm sie ab. „Du bist wach", sagte Noah, ohne Begrüßung. Im Hintergrund hörte sie die gedämpfte Akustik eines Studios oder eines Kontrollraums, das Klicken von Tastaturen, jemanden, der auf Englisch eine neue Aufschaltung koordinierte. „Seit zwei Stunden", sagte sie. „Dann bist du später dran als die Welt." Er klang nicht spöttisch. Eher erschöpft. „Was ist passiert?" fragte sie. „Nichts, das man schon den Anfang nennen kann. Aber genug, um zu wissen, dass die Linie sich schließt." Einen Moment schwieg er, als würde er etwas auf einem Monitor lesen. „Mehrere Regierungen benutzen dieselben Begriffe. Prozeduraler Übergriff. Transnationale Mandatsfiktion. Gefährdung institutioneller Stabilität. Das ist koordiniert. Und die Medien springen auf die einfachste Konfliktform an. Volk gegen Eliten, Staaten gegen Netzwerke, Ordnung gegen Bewegungsdruck. Es wird schnell." Lina lehnte sich mit einer Hand gegen die Arbeitsplatte. „Wie schnell?" „Schnell genug, dass sie nicht mehr fragen, was der Prozess ist, sondern wer ihn stoppen kann." In Genf stand Amina Hassan in einem Besprechungsraum mit zu hellem Licht und blickte auf eine Wand aus Bildschirmen, die zugleich Information und Überreizung bedeuteten. Auf einem Fenster lief der vorläufige Sprachentwurf für das erste multilaterale Arbeitstreffen, das aus dem in New York geöffneten Prozess hervorgehen sollte. Auf einem anderen sammelte ihr Team die öffentlichen Reaktionen relevanter Missionen. Auf einem dritten liefen die internen Signale: Rückzugswünsche, Neuformulierungsanträge, Kompetenzvorbehalte, Forderungen nach regionaler

Einhegung, Bitten um Klarstellung zur Nichtpräjudizierung nationaler Souveränität. Der Prozess hatte kaum begonnen, und schon arbeitete die institutionelle Welt mit all ihren vertrauten Werkzeugen daran, ihn in handhabbares Gelände zurückzuziehen. Amina kannte diese Werkzeuge. Sie glaubte an manche von ihnen. Präzision war kein Feind von Geschichte. Verfahren schützten nicht nur Macht, sondern manchmal auch Möglichkeiten. Aber sie wusste auch, wie rasch eine Öffnung wieder in jene Sprache eingerahmt werden konnte, die alles anerkennt, solange es nichts verändert. „Welche Linie sehen wir?" fragte sie, ohne den Blick vom Bildschirm zu nehmen. Ihr Stellvertreter, ein stiller Belgier mit jener Art diskreter Müdigkeit, die nur Menschen in dauerhaftem Verhandlungsluftzug entwickeln, blätterte durch eine digitale Übersicht. „Offene Zustimmung ist vorsichtiger geworden. Mehrere Delegationen, die gestern noch konstruktiv waren, wollen heute Zusätze zur vollständigen Unverbindlichkeit. Die Gruppe der harten Souveränisten bereitet offenbar ein gemeinsames Papier vor. Noch nicht offiziell, aber es zirkuliert." „Mit welchem Ziel?" „Den Vorprozess auf technische Konsultationen ohne politische Folgewirkung zu begrenzen." Amina nickte kaum sichtbar. Genau dort verlief die erste Front. Nicht an der Frage, ob gesprochen werden durfte, sondern ob das Sprechen eine Zukunft haben durfte. Es war immer wieder derselbe Reflex der Ordnung, dachte sie. Öffnung als Ventil, nicht als Übergang. „Und die Märkte?" fragte sie. „Frühe Nervosität. Nicht katastrophisch. Aber die Kopplung mit politischer Unsicherheit wird in mehreren Ländern schon innenpolitisch gespielt." Sie sah nun doch zu ihm hinüber. „Natürlich wird sie das." In Brüssel, in einem Raum ohne Fenster, dessen Klimaanlage kalte Luft mit dem Geruch von Kaffee und Papierstaub vermischte, saß ein Staatssekretär mit seiner Kommunikationschefin, zwei außenpolitischen Beratern und einem Vertreter des Sicherheitsapparats über einer Formulierung, die zugleich scharf und verantwortungsvoll klingen sollte. Auf dem Bildschirm hinter ihnen standen mehrere Varianten. Keine Regierung im Raum war gegen internationale

Kooperation. Das wäre zu dumm, zu leicht angreifbar gewesen. Es ging nicht um Kooperation. Es ging darum, den Eindruck zu erzeugen, man verteidige das Demokratische gerade dadurch, dass man die neue Demokratisierungsdynamik begrenze. „Wir brauchen einen Satz, der klar macht, dass legitime politische Autorität aus verfassten Gemeinschaften hervorgeht", sagte der Staatssekretär. „Nicht aus medial verdichteten transnationalen Mobilisierungsereignissen." Die Kommunikationschefin hob den Kopf. „Das ist für die Pressemitteilung zu akademisch." „Dann mach es verständlich, ohne es zu verdummen." Der Sicherheitsvertreter sagte nichts, bis alle zu ihm blickten. „Das Problem ist nicht nur politisch. Wenn die jetzt glauben, dass sie mit öffentlichem Druck institutionelle Pfade öffnen können, wird jeder grenzüberschreitende Konflikt in Zukunft unter dem Erwartungsdruck einer moralischen Sofortarchitektur stehen. Das ist nicht stabilisierend." „Schreiben Sie stabilitätsgefährdender Präzedenzfall", sagte einer der Berater. „Und eine Passage über die Gefahr für soziale Kohäsion im Inneren." Die Kommunikationschefin begann zu tippen. Nicht weit davon entfernt stand auf einem Platz eine erste Gruppe Demonstrierender hinter Absperrgittern, deren Sinn noch unklar war, weil niemand wusste, ob sie Schutz oder Drohung darstellten. Manche hielten Schilder mit den Worten Demokratie kennt keine Grenzen. Andere standen auf der gegenüberliegenden Seite mit Fahnen und Pappschildern, auf denen stand Niemand wählt die Welt. Es war früh. Die Menge war noch zu klein, um Geschichte zu heißen. Aber groß genug, um ein Kamerateam zu bekommen. David Reyes saß in Brooklyn zwischen zwei Monitorwänden, die ihn seit Monaten fast besser kannten als jeder Raum mit Tageslicht. Die Zahlen auf dem linken Bildschirm sahen auf den ersten Blick beruhigend aus: stabile Zugriffszahlen, keine großen Ausfälle, starke Aktivität in den Kernkanälen, regionale Cluster weitgehend erreichbar. Auf den tieferen Ebenen sah es anders aus. Mehrere Plattformen markierten Inhalte plötzlich aggressiver. Zwei Verifikationskaskaden waren in den letzten Stunden ungewöhnlich stark belastet worden. Die Zahl koordinierter Anmeldeversuche aus verdächtigen Netzen war gestiegen. Ein Kartenfenster zeigte Knotenpunkte der Bewegung, ein anderes die Störungen. Er wusste inzwischen, dass man eine Bewegung nicht daran erkannte, wie laut sie nach außen sprach, sondern wie gut sie unter Druck weiter kommunizieren konnte, ohne ihre Form zu verlieren. „Sag mir, dass das nur Aufmerksamkeit ist", sagte Leila, die schräg hinter ihm auf dem Rand eines Tisches saß und durch Logdateien scrollte. „Es ist Aufmerksamkeit", sagte David. „Und?" Er ließ die Hände in der Luft über der Tastatur ruhen. „Und Aufmerksamkeit ist ab einer bestimmten Größe nur das höfliche Wort für Testangriff." Er klickte in eine Reihe von Warnmeldungen. Mehrere Regionen meldeten, dass lokale Moderatorinnen und Moderatoren bereits mit manipulierten Zitaten, gefälschten Dokumentfragmenten und aufgeheizten Ortsgerüchten beschäftigt waren. Nichts davon war neu. Neu war die Synchronität. Neu war das Gefühl, dass nicht mehr nur spontane Gegenwehr im Spiel war, sondern Akteure, die verstanden hatten, wie empfindlich GSCs Stärke eigentlich war: nicht bloß Reichweite, sondern Vertrauensarchitektur. Wenn man die Bewegung dazu bringen konnte, auf jede Provokation zentralistisch zu reagieren, konnte man sie als Machtapparat aussehen lassen. Wenn man sie unkoordiniert ließ, konnte man sie als chaotisch und gefährlich framen. Das war die Falle. „Wenn wir die lokalen Freigaben hochziehen, schützen wir uns gegen Fälschungen", sagte Leila. „Und wenn wir sie hochziehen, sehen wir aus, als würden wir politische Kommunikation zentral kontrollieren", sagte David. „Willkommen in der Zukunft." Ein neues Fenster sprang auf. Interne Sicherheitsmeldung: Falschmeldung über angebliche GSC-Forderung nach Aussetzung nationaler Haushaltskompetenzen trendet in drei Sprachen. Erste Medienanfragen. Bitte Stellungnahme. David schloss für einen Moment die Augen. „Sie bauen nicht nur Widerstand", sagte er leise. „Sie bauen den Eindruck, dass wir schon regieren wollen." „Wollen wir nicht irgendwann regieren?" fragte Leila mit der Trockenheit von jemandem, der zu wenig geschlafen und zu viel verstanden hatte. David drehte den Stuhl leicht zu ihr. „Nein. Wir wollen, dass niemand mehr ohne demokratische Bindung für alle regiert. Das ist ein Unterschied. Aber versuch das mal in neun Sekunden und zwei Schlagzeilen zu erklären." In einem Vorort von Johannesburg saß eine Krankenschwester namens Tumi in einem Minibus auf dem Heimweg und sah auf ihrem Telefon ein Video, in dem eine Frau mit tränenden Augen erklärte, dass Global System Change den Staaten ihre Kinder wegnehmen werde, wenn man dem Prozess nicht sofort ein Ende setze. Unter dem Video liefen Hunderte Kommentare. Manche lachten. Manche beschimpften die Frau. Manche glaubten ihr. Darunter ein zweites Video, in dem ein junger Mann mit heiserer Stimme sagte, zum ersten Mal in seinem Leben fühle sich Politik nicht wie etwas an, das irgendwo anders geschehe. Tumi las beides und legte das Telefon weg. Die Frau neben ihr hielt eine Einkaufstasche mit zu wenig Inhalt für das Geld, das sie wahrscheinlich gekostet hatte. Vorn stritt jemand über Benzinpreise. Draußen schob sich die Stadt in langen, staubigen Bändern am Fenster vorbei. Die Weltordnung war in diesen Stunden nicht nur in Pressesälen und Krisenräumen präsent. Sie saß zwischen Menschen, die nicht wussten, ob Hoffnung ihre Lage verbessern oder nur verteuern würde. In einem Hotel in Wien, das seit Jahrzehnten so aussah, als würde darin diskret über Kontinente entschieden, ging Noah Stein durch einen Korridor aus dicken Teppichen und schallgedämpften Türen auf ein provisorisches Studio zu, das sein Sender in einer Suite eingerichtet hatte. Auf seinem Telefon lief eine Endlosschleife aus Ausschnitten, Stellungnahmen, Gegendarstellungen, ersten Börsenkommentaren und Amateurvideos von Kundgebungen. Er hatte in den letzten Jahren gelernt, dass Öffentlichkeit selten durch Informationen kippte. Sie kippte durch Verdichtung. Nicht das meiste, sondern das Falsche im richtigen Moment konnte Geschichte beschleunigen. Vor einer Tür blieb er stehen, weil aus dem Inneren eine vertraute Stimme drang. Eine Außenministerin, die er kannte, gab einem Kollegen auf Englisch ein Hintergrundstatement. „The issue is not reform in principle," sagte sie. „The issue is reform under mobilized pressure, during systemic instability, with no settled basis of representation. That is not democratization. That is escalation with moral branding." Noah blieb einen Moment lang stehen, nicht aus Voyeurismus, sondern weil der Satz sauber war. Zu sauber. Er würde gehen. Er würde wiederholt werden. Er würde anschlussfähig sein in Dutzenden Hauptstädten. Er steckte das Telefon ein und ging weiter. Im Studio fragte ihn die Produzentin, was seine Linie für die Abendsendung sei. „Dass der Prozess begonnen hat und gerade deshalb gefährlicher ist als gestern", sagte er. „Zu dunkel", antwortete sie. „Zu wahr", sagte er. „Wir brauchen etwas, das nicht sofort nach Weltkrise klingt." Noah sah auf den Monitor, wo Bilder von Kundgebungen, Flaggen, Polizeiketten und grauen Gesichtern aus Konferenzgebäuden ineinander übergingen. „Dann sag, dass Geschichte geöffnet wurde und jetzt alle Angst davor haben, was durch die Tür kommt." Die Produzentin verzog kurz das Gesicht. „Das ist gut." „Das ist schlecht", sagte Noah. „Aber gut fürs Fernsehen." In Genf trat Amina aus dem Besprechungsraum in einen Flur, in dem Menschen mit Ausweisen um den Hals zu schnell gingen, um gelassen zu wirken. Ihr Telefon vibrierte. Eine Nachricht aus New York, vertraulich markiert: Mehrere Missionen arbeiten an einem gemeinsamen Verfahrensantrag zur Einhegung des neuen Formats. Mögliches Ziel: Zeitgewinn, inhaltliche Entkernung, Kompetenzvorbehalte. Kurz darauf eine weitere: Informelle Bitte um Sondierung, ob GSC zu öffentlicher Deeskalationssprache bereit ist. Amina blieb stehen. Die Institution wollte atmen, und jedes Mal, wenn Institutionen atmen wollten, bestand die Gefahr, dass sie nur Zeit gewinnen wollten, bis der alte Reflex wieder die Kontrolle hatte. Gleichzeitig wusste sie, dass ohne Sprache der Deeskalation alles schneller in Blocklogik kippen würde. Es war die klassische Zange der Zwischenakteure: Wer zu viel auf Öffnung setzte, wurde zum naiven Werkzeug. Wer zu früh auf Härte ging, zerstörte den Kanal, den er schützen wollte. Sie antwortete knapp, bat um Formulierungsoptionen und sah auf das Ende des Flurs, wo zwei Delegierte leise und mit demonstrativer Sachlichkeit aneinander vorbeisprachen. Sie dachte an die vergangenen Monate, an die vorsichtigen ersten Kontakte, an die indirekten Nachrichten, an die unzähligen Varianten institutioneller Höflichkeit, mit denen Macht testet, ob etwas schon real ist, ohne es anerkennen zu müssen. Jetzt war es real. Und genau deshalb begann der Teil, in dem alles wieder unwirklich gemacht werden sollte. Am frühen Nachmittag, Ortszeit New York, betrat Lina schließlich den kleinen Arbeitsraum, den man ihr für die nächsten Tage organisiert hatte. Zwei Menschen aus dem engeren Kreis saßen bereits dort. Auf dem Bildschirm an der Stirnseite lief eine Live-Karte mit Protestmeldungen, Medienmarkern und politischen Signalen. David war zugeschaltet, Noah würde später dazustoßen, Amina nur kurz, weil sie zwischen Treffen hing. Niemand begrüßte den Tag. Dafür war die Luft zu dicht. „Zeig es mir", sagte Lina. Einer der Mitarbeitenden schaltete die Übersicht groß. Erste Proteste in achtundzwanzig Städten, Gegendemonstrationen in elf, scharfe Presseerklärungen aus sechs Hauptstädten, vorläufige Koordination eines Souveränitätskerns, auffällige Nervosität in zwei Märkten, erhöhte digitale Störmuster, gezielte Narrativbildung gegen den Prozess, wachsende interne Anfragen von Regionalgruppen, ob man zur Straße, zur Ruhe oder zur strategischen Unsichtbarkeit aufrufen solle. Lina trat näher an den Bildschirm. Die Karte sah aus wie eine medizinische Visualisierung eines Organismus, der überall zugleich leichte Entzündungen entwickelte. Noch kein Kollaps. Aber auch keine gesunde Zone. „Wir sagen heute nichts Impulsives", sagte sie. „Das wird man uns als Druckmittel auslegen." „Wenn wir nichts sagen, wird das Schweigen als Bestätigung gelesen", erwiderte einer. „Dann sagen wir nicht nichts", sagte sie. „Wir sagen wenig. Präzise. Kein Triumph, keine Mobilisierungsromantik, keine falsche Beruhigung." David meldete sich aus dem Lautsprecher. „Und keine Formulierung, die wie Anspruch auf Vollmacht klingt. Sie versuchen gerade, uns diesen Mantel umzuhängen." „Ich weiß", sagte Lina. „Sie wollen, dass wir entweder wie ein Apparat oder wie ein Mob aussehen." Eine kurze Stille folgte. Dann erschien Amina zugeschaltet auf dem Nebenfenster.

Das Bild zitterte einmal, fing sich. „Ihr müsst verstehen“, sagte sie ohne Vorlauf, „dass gerade mehrere Seiten gleichzeitig testen, ob ihr unter Druck die Sprache wechselt. Wenn ihr jetzt zu groß klingt, liefern wir ihnen Material für Einhegung. Wenn ihr zu defensiv klingt, verliert ihr den öffentlichen Eindruck von historischer Tragfähigkeit.“ „Also perfekt sein unter globalem Gegenfeuer“, sagte David. „Wie immer.“ Amina ignorierte den Satz nicht, aber sie hatte keine Zeit, ihm einen Blick zu schenken. „Es geht nicht um Perfektion. Es geht darum, nicht in die Rollen zu fallen, die sie vorbereitet haben.“ Noah wurde zugeschaltet, noch im Studio, bereits verkabelt. „Zu spät“, sagte er. „Die Rollen sind längst da. Die Frage ist nur, ob ihr sie bestätigt oder verkompliziert.“ Lina setzte sich endlich. Ihre Hände waren ruhig, was sie selbst überraschte. Innerlich fühlte sie etwas anderes. Kein Adrenalin. Kein Stolz. Eher jene kalte Form von Wachheit, die entsteht, wenn man begreift, dass eine Entscheidung aufgehört hat, einem selbst zu gehören. „Dann verkomplizieren wir“, sagte sie. „Aber wir tun es mit einer Wahrheit, nicht mit Taktik allein.“ Sie sah nacheinander auf die Gesichter, die in Kacheln vor ihr standen: David im blauen Licht seiner Monitore, Amina in der institutionellen Helligkeit eines Flurs, Noah zwischen Studio und Fluchtweg, die beiden im Raum mit ihr, übermüdet, aufmerksam, verletzlich und entschlossen. Das war keine Bewegung mehr, die nur gegen Mauern sprach. Sie sprach jetzt in ein System hinein, das zurücksprach, zurückschlug, zurückdeutete. Draußen heulte irgendwo in der Stadt eine Sirene auf und verstummte wieder. Einer der Mitarbeitenden hob die Hand. „Es gibt noch etwas.“ „Was?“ fragte Lina. Er klickte ein neues Fenster auf. Zuerst sah sie nur das Emblem, dann die Logos mehrerer Staaten, dann die Überschrift eines Dokuments, das offenbar vor seiner offiziellen Veröffentlichung bereits geleakt war. Gemeinsame Erklärung zur Wahrung demokratischer Souveränität und institutioneller Stabilität. Der Entwurf war noch nicht final, aber die Stoßrichtung war klar. Der eröffnete Prozess sollte suspendiert, überprüft, regionalisiert und auf rein konsultative Natur zurückgeführt werden, bis Fragen der Legitimation, Sicherheit und verfassungsrechtlichen Zuständigkeit geklärt seien. Unter Punkt vier stand in jener glatten Sprache, die immer dann besonders gefährlich wird, wenn sie vernünftig klingt, dass jede Form transnational koordinierten öffentlichen Drucks auf multilaterale Institutionen in der gegenwärtigen Lage als destabilisierend zu bewerten sei und geeignete Gegenmaßnahmen geprüft würden. Niemand sagte etwas. Man hörte nur das leichte Rauschen der Verbindung und, aus Noahs Richtung, ein kaum verständliches Kommando aus dem Studio. Lina las den Text ein zweites Mal, langsamer diesmal. Nicht weil sie ihn missverstanden hätte, sondern weil ihr Körper die Wahrheit darin langsamer akzeptierte als ihr Verstand. Es hatte begonnen. Nicht der Prozess. Der Gegenprozess. Sie hob den Blick. „Wann geht das raus?“ Der Mitarbeiter sah auf die Metadaten. „Im besten Fall in einer Stunde. Vielleicht früher. Es ist schon in zwei Redaktionen.“ Noah fluchte leise. Amina schloss für einen Moment die Augen. David sagte gar nichts mehr. Lina legte die Fingerspitzen auf den Tisch, als müsste sie prüfen, ob der Raum noch fest stand. Dann fragte sie mit einer Ruhe, die fast unheimlicher war als Panik: „Wer von ihnen hat als Erster Angst bekommen?“ Und niemand antwortete sofort, weil in genau diesem Augenblick auf einem zweiten Bildschirm die Livebilder einer ersten großen Gegendemonstration aufsprangen, Tausende Menschen, Fahnen, Sprechchöre, Polizeiketten, und über all dem die Einblendung eines Senders, der die neue Weltlage bereits in eine Frage gegossen hatte, die einfacher war als die Wirklichkeit und deshalb gefährlicher: Wem gehört die Zukunft?

2. Der Machtblock zeigt sich

Die erste Version der Erklärung tauchte nicht als offizielles Dokument auf, sondern als Schatten in den digitalen Kanälen, in denen Diplomaten, Analysten und Journalisten sich gewöhnlich bewegten, wenn sie noch nicht öffentlich sagen konnten, was sie längst dachten. Ein Screenshot aus einem internen Verteiler, ein Ausschnitt aus einer E-Mail, eine vorläufige Passage aus einem Positionspapier, das angeblich noch abgestimmt werden musste. In Wirklichkeit war es bereits abgestimmt. In Washington las ein Berater des Nationalen Sicherheitsrats den Entwurf mit dem Ausdruck eines Mannes, der nicht überrascht war, sondern nur bestätigte, was er in den letzten Wochen erwartet hatte. In Paris ließ eine Ministerin den Text zweimal übersetzen, einmal für juristische Präzision, einmal für politische Wirkung. In Neu-Delhi verglich ein Beamter im Außenministerium die Formulierungen mit einer Liste von Begriffen, die in den letzten Monaten in verschiedenen Hauptstädten aufgetaucht waren, als würde er prüfen, ob ein neues politisches Vokabular bereits zu einer Grammatik geworden war. Der Begriff demokratische Souveränität tauchte darin so oft auf, dass niemand mehr behaupten konnte, es handle sich um spontane Besorgnis. Es war ein Programm. Der Machtblock, wie einige Analysten ihn bereits nannten, war keine formelle Allianz und wollte auch keine sein, denn formelle Allianzen mussten verteidigt werden, mussten rechtlich erklärt werden, mussten möglicherweise irgendwann wieder aufgelöst werden. Dieser Block funktionierte anders. Er war eine Konvergenz von Interessen, Ängsten und institutionellen Reflexen, die sich plötzlich gegenseitig erkannten. In Brüssel begann der Morgen mit einer Sitzung, die offiziell als Koordinierungsgespräch zur Stabilität multilateraler Verfahren bezeichnet wurde. Niemand verwendete den Begriff Global System Change im Einladungstext, aber jeder im Raum wusste, dass es genau darum ging. Der Staatssekretär, der am Tag zuvor noch über die richtige Formulierung für eine Pressemitteilung gestritten hatte, stand nun vor einer Projektion mit mehreren

Szenarien. „Der entscheidende Punkt ist nicht, ob Reformdiskussionen stattfinden“, sagte er und bewegte den Laserpunkt über eine Zeile, in der das Wort Legitimität mehrfach auftauchte. „Der entscheidende Punkt ist, ob Reformen unter Druck entstehen oder unter Verfahren.“ Eine Diplomatin aus einem südlichen Mitgliedstaat hob die Hand. „Und wenn der Druck aus einer realen globalen Mobilisierung kommt?“ Der Staatssekretär sah sie an, als hätte er die Frage erwartet. „Dann bleibt er Druck. Demokratien reagieren auf Wähler, nicht auf transnationale Resonanzräume.“ Ein Berater aus dem Sicherheitsbereich beugte sich vor. „Wir sollten präziser sein. Das Problem ist nicht nur politisch. Wenn eine Bewegung zeigen kann, dass sie Institutionen über öffentliche Mobilisierung in strukturverändernde Prozesse zwingt, wird jeder zukünftige Konflikt sofort globalisiert. Das destabilisiert nationale Entscheidungsfähigkeit.“ „Oder es erweitert sie“, sagte die Diplomatin ruhig. „Das hängt davon ab, ob man Demokratie als Besitz oder als Prozess versteht.“ Der Raum wurde still. Niemand widersprach ihr direkt, aber niemand griff ihre Formulierung auf. In solchen Momenten zeigte sich die stille Funktionsweise politischer Macht. Eine Idee konnte im Raum existieren, ohne dass sie zugelassen wurde. In Genf stand Amina Hassan vor einem Fenster, das den grauen Himmel spiegelte, während hinter ihr mehrere Bildschirme die ersten offiziellen Reaktionen der Staaten auf die durchgesickerte Erklärung des Blocks anzeigten. Sie hatte den Text inzwischen aus drei Quellen erhalten. In jeder Version war die Sprache identisch genug, um ihre Herkunft zu verraten. Demokratische Legitimation müsse weiterhin primär aus verfassten politischen Gemeinschaften hervorgehen. Transnationale Mobilisierung dürfe nicht zum Ersatz für institutionelle Mandate werden. In Zeiten globaler Instabilität müsse jede strukturelle Veränderung multilateraler Institutionen besonders vorsichtig behandelt werden. Amina legte das Tablet auf den Tisch und schloss kurz die Augen. Die Erklärung war intelligent formuliert. Sie griff keine einzelne Person an, nannte keine Bewegung beim Namen, aber jeder, der den Prozess verfolgt hatte, wusste genau, worauf sie zielte. Es war der

Versuch, eine Linie zu ziehen, bevor die Geschichte selbst eine zog. Ihr Telefon vibrierte. Eine Nachricht aus New York: Erste Delegationen prüfen offiziell, ob der neue Prozess rechtlich suspendiert werden kann. Amina las den Satz zweimal. Suspendieren war ein schönes Wort für das Einfrieren von Zukunft. In Brooklyn starrte David Reyes auf eine neue Karte, die sein Team in der Nacht zusammengestellt hatte. Sie zeigte nicht nur digitale Angriffe oder Desinformationscluster, sondern auch politische Resonanzen. In den letzten vierundzwanzig Stunden hatten mehrere staatliche Accounts, Think-Tanks und bekannte politische Kommentatoren dieselben Begriffe verbreitet. Mandatslücke. Destabilisierungsrisiko. Demokratische Selbstverteidigung. „Sie synchronisieren die Sprache", sagte Leila hinter ihm. „Das passiert nicht zufällig." David nickte. „Sie bauen ein semantisches Schutzschild." „Gegen uns?" „Nicht nur gegen uns", sagte er. „Gegen die Idee, dass Druck von außen legitim sein kann." Auf dem rechten Bildschirm erschien eine neue Warnung. Mehrere Regierungsstellen hatten interne Leitlinien an Medien weitergegeben, in denen empfohlen wurde, Global System Change als Bewegung ohne demokratisches Mandat zu beschreiben. „Sie versuchen, uns vor der eigentlichen politischen Auseinandersetzung zu delegitimieren", murmelte Leila. „Sie versuchen, die Auseinandersetzung überhaupt erst zu definieren", korrigierte David. „Wenn sie das schaffen, spielen wir auf ihrem Feld." In einem Studio in Wien saß Noah Stein vor einer Kamera, während der Regisseur im Kontrollraum den Countdown herunterzählte. Auf dem Bildschirm vor ihm liefen bereits Bilder von Demonstrationen, diplomatischen Stellungnahmen und Börsentickern, die leicht nach unten zeigten. „Wir sind in fünf Sekunden", sagte eine Stimme in seinem Ohr. Noah nickte kaum sichtbar. Die Kamera ging an. „Guten Abend", begann er. „Die Welt erlebt gerade nicht nur eine politische Debatte, sondern eine Debatte darüber, wer überhaupt das Recht hat, politische Zukunft zu gestalten." Während er sprach, sah er auf einem Monitor den Ausschnitt der geleakten Erklärung des Machtblocks, der inzwischen auf mehreren Sendern gleichzeitig gezeigt wurde.

Die Formulierung war elegant. Sie sprach von Stabilität, von Verantwortung, von Schutz demokratischer Strukturen. Aber zwischen den Zeilen stand etwas anderes. Eine Warnung. Vielleicht sogar eine Drohung. „Mehrere Regierungen argumentieren heute, dass globale Mobilisierung kein Ersatz für demokratische Legitimation sein darf", sagte Noah ruhig. „Andere sagen, dass genau diese Mobilisierung ein Ausdruck demokratischer Legitimation ist, wenn Institutionen zu lange blockiert waren." Die Kamera blieb auf seinem Gesicht, während er eine kurze Pause machte. „Was wir gerade sehen, ist der Beginn eines offenen Konflikts darüber, wer Geschichte schreiben darf." In Manhattan saß Lina Koran noch immer in dem kleinen Arbeitsraum, während die neuen Meldungen auf dem Bildschirm einliefen. Jemand hatte die Erklärung des Blocks nun offiziell veröffentlicht. Sie war länger als die geleakte Version, aber der Kern war derselbe. Sie las sie langsam, Satz für Satz. Ihr Blick blieb an einer Passage hängen, die fast freundlich formuliert war. Staaten hätten die Pflicht, ihre Bürger vor unvorhersehbaren globalen Umbrüchen zu schützen. Reformen müssten aus geordneten Verfahren hervorgehen, nicht aus emotional aufgeladenen Mobilisierungswellen. Sie spürte, wie sich etwas in ihr zusammenzog. Nicht Wut. Eher eine kalte Klarheit. Sie verstand die Logik. Viele der Menschen, die diesen Text geschrieben hatten, glaubten wahrscheinlich wirklich, dass sie Ordnung verteidigten. Vielleicht taten sie das sogar. Aber sie verteidigten eine Ordnung, die sich längst nicht mehr selbst erklären konnte. „Sie haben sich entschieden", sagte einer der Mitarbeitenden im Raum leise. Lina nickte kaum merklich. „Nein", sagte sie nach einem Moment. „Sie haben sich sichtbar gemacht." Auf dem Bildschirm erschien nun eine Liveübertragung aus einer Pressekonferenz in einer europäischen Hauptstadt. Der Außenminister stand vor einer Reihe von Mikrofonen und sprach mit jener kontrollierten Ernsthaftigkeit, die Politiker verwenden, wenn sie wissen, dass ihre Worte gleichzeitig beruhigen und warnen sollen. „Wir begrüßen jede ernsthafte Diskussion über die Zukunft internationaler Institutionen", sagte er. „Aber wir können nicht zulassen, dass politischer Druck außerhalb demokratischer Mandate darüber entscheidet, wie unsere Ordnung strukturiert wird." Ein Journalist fragte aus dem Off: „Beziehen Sie sich damit auf Global System Change?" Der Minister lächelte kurz, ein diplomatisches Lächeln ohne Humor. „Ich beziehe mich auf jede Bewegung, die glaubt, globale Politik durch moralische Mobilisierung ersetzen zu können." In dem Arbeitsraum in Manhattan herrschte einen Moment lang Stille. Lina sah auf das Bild des Ministers, dann auf die Karte mit den Protestmeldungen, dann auf die internen Nachrichten aus den regionalen Gruppen der Bewegung. Die Welt bewegte sich schneller, als selbst sie erwartet hatte. In diesem Moment vibrierte Davids Stimme aus dem Lautsprecher. „Lina", sagte er, „du solltest das sehen." Auf einem neuen Bildschirm erschien ein Dokument, das gerade erst veröffentlicht worden war. Mehrere Staaten hatten eine gemeinsame Initiative angekündigt: eine internationale Konferenz zur Verteidigung demokratischer Souveränität und institutioneller Stabilität. Termin: in zwei Wochen. Ziel: Bewertung und mögliche Begrenzung des neu gestarteten globalen Reformprozesses. Der Raum wurde stiller als zuvor. Lina las die Überschrift ein zweites Mal. Dann hob sie langsam den Kopf. „Das ist kein Kommentar mehr", sagte sie leise. „Das ist eine Front." Niemand widersprach. Und draußen in der Welt begannen die Nachrichtenagenturen bereits, eine neue Formulierung zu verbreiten, die in wenigen Stunden überall zu hören sein würde: Der Machtblock hat sich gezeigt.

3. GSC wächst weiter unter Druck

Der erste Hinweis darauf, dass Global System Change nicht kleiner, sondern größer geworden war, kam nicht aus einer Pressekonferenz oder aus einer neuen Erklärung, sondern aus einer Reihe kleiner Meldungen, die über mehrere Stunden hinweg in die internen Kanäle der Bewegung liefen, zuerst aus Städten, in denen GSC bereits seit Monaten aktiv gewesen war, dann aus Orten, die bisher nur am Rand der Landkarte erschienen waren. Eine Regionalgruppe aus Montevideo meldete, dass ihr offenes Treffen, das normalerweise zwanzig oder dreißig Menschen anzog, an diesem Abend über zweihundert Besucher hatte, darunter mehrere Gewerkschaftsvertreter, zwei Universitätsdozenten und ein lokaler Journalist, der bisher eher skeptisch berichtet hatte. Aus Manila kam ein kurzer Videoclip, auf dem eine improvisierte Diskussionsrunde unter einem Dach aus Wellblech zu sehen war, während im Hintergrund Mopeds vorbeifuhren und jemand erklärte, dass die Bewegung vielleicht die erste politische Sprache sei, in der sich globale Probleme und lokale Würde gleichzeitig aussprechen ließen. In Madrid meldete ein Koordinator, dass mehrere Gruppen, die sich bisher nur lose organisiert hatten, plötzlich regelmäßige Treffen verlangten, weil Menschen spürten, dass die Debatte über die Weltordnung nicht mehr abstrakt war. Die Nachrichten waren nicht triumphierend. Sie klangen eher überrascht, manchmal sogar vorsichtig, als hätten die Absender selbst noch nicht entschieden, ob das Wachstum ein Zeichen von Stärke oder ein Vorbote größerer Verantwortung war. In Brooklyn beobachtete David Reyes, wie sich die Aktivitätskurven auf seinen Monitoren langsam, aber unaufhaltsam nach oben schoben, nicht explosionsartig, sondern in jener stetigen Weise, die für Bewegungen gefährlicher und stabiler zugleich sein konnte. Die Zahl der neuen Registrierungen in den regionalen Plattformen stieg in mehreren Zeitzonen gleichzeitig, während die Zahl der lokalen Initiativen, die sich offiziell als Teil von GSC ausweisen wollten, innerhalb von zwei Tagen um fast ein Drittel gewachsen war. „Das ist keine Mobilisierung“, sagte Leila und lehnte sich über Davids Schulter, während sie die Daten betrachtete. „Das ist Anschluss.“ David nickte langsam. Mobilisierung konnte aus Empörung entstehen und so schnell wieder verschwinden, wie sie gekommen war. Anschluss bedeutete etwas anderes. Anschluss bedeutete, dass Menschen begannen, ihre eigenen politischen Geschichten in die Bewegung einzuschreiben. Auf dem linken Bildschirm erschien eine Warnung, dass mehrere neue Gruppen ihre ersten öffentlichen Veranstaltungen angekündigt hatten, ohne sich vorher durch die internen Moderationskanäle zu koordinieren. „Das wird chaotisch“, sagte Leila. „Es wird politisch“, antwortete David. „Das ist nicht dasselbe.“ In einem Café in Istanbul saßen fünf Menschen um einen Tisch, auf dem mehrere Telefone lagen, während sie versuchten, eine gemeinsame Erklärung für ihr erstes öffentliches Treffen zu formulieren. Eine junge Anwältin, die bisher hauptsächlich in Menschenrechtsfragen gearbeitet hatte, erklärte, dass sie nicht sicher sei, ob GSC wirklich eine Bewegung oder eher ein Gespräch sei, das plötzlich global geworden war. Ein älterer Journalist widersprach ihr und sagte, dass Gespräche keine Angst in Regierungen auslösten. Am Nachbartisch hörte ein Student zu und fragte schließlich, ob es nicht genau das sei, was diese Bewegung ausmache: dass sie weder Partei noch NGO sei, sondern etwas, das sich erst im Moment seines eigenen Wachstums definiere. Sie diskutierten eine Stunde lang über Worte, über Verantwortung, über die Gefahr, Teil einer Geschichte zu werden, die man selbst noch nicht ganz verstand. Als sie schließlich beschlossen, ihr Treffen für das Wochenende anzukündigen, tat niemand von ihnen das mit einem Gefühl von heroischer Aufbruchsstimmung. Es fühlte sich eher an wie eine Verpflichtung, die plötzlich sichtbar geworden war. In Manhattan saß Lina Koran vor einem Bildschirm, auf dem mehrere Livebilder aus verschiedenen Städten liefen, während jemand aus dem Organisationsteam die neuesten Zahlen zusammenfasste. „Wir haben in den letzten vierundzwanzig Stunden mehr neue lokale Gruppenanfragen als in den drei Wochen vor der Abstimmung“, sagte er.

Lina hörte zu, ohne sofort zu reagieren. Sie hatte gelernt, dass Wachstum in der Politik selten ein Geschenk war. Meistens war es eine Prüfung. „Wie viele davon haben Erfahrung?" fragte sie schließlich. „Nicht viele", gab der Mitarbeiter zu. „Aber sie haben Motivation." Lina sah auf die Karte mit den Markierungen, die langsam dichter wurde. Jeder dieser Punkte stand für Menschen, die glaubten, dass der Prozess, der in New York begonnen hatte, etwas mit ihrem Leben zu tun haben könnte. Jeder dieser Punkte stand aber auch für eine mögliche Fehlinterpretation, eine falsche Parole, eine unbedachte Forderung, die Gegner der Bewegung sofort als Beweis benutzen konnten, dass Global System Change mehr Macht wolle, als ihr zustand. „Wir müssen ihnen helfen, Verantwortung zu lernen, bevor sie Öffentlichkeit lernen", sagte sie leise. „Das ist schwer", antwortete der Mitarbeiter. „Die Öffentlichkeit ist schneller." Lina nickte. Genau das war das Problem. In Wien saß Noah Stein wieder in einem Studio, während hinter ihm eine große Projektion Bilder von Demonstrationen zeigte, die in mehreren Städten gleichzeitig stattfanden. Die Menschen auf den Bildern sahen nicht aus wie eine klassische politische Bewegung. Manche hielten handgeschriebene Plakate, andere nur ihre Telefone in die Luft, auf denen das Logo von GSC oder einfache Slogans zu sehen waren. Ein Teil der Menge sah neugierig aus, ein anderer entschlossen, wieder andere nur verwirrt darüber, wie sie plötzlich Teil einer globalen Geschichte geworden waren. „Was wir gerade sehen", sagte Noah in die Kamera, „ist ein ungewöhnlicher politischer Moment. Während mehrere Regierungen versuchen, den neuen globalen Reformprozess einzudämmen oder neu zu definieren, wächst gleichzeitig eine Bewegung, die genau aus dieser Reaktion zusätzliche Energie zieht." Die Kamera wechselte auf eine Aufnahme aus Buenos Aires, wo mehrere tausend Menschen auf einem Platz standen und eine improvisierte Rede hörten. „Die entscheidende Frage ist nicht, ob diese Bewegung stark genug ist, um Regierungen herauszufordern", fuhr Noah fort. „Die entscheidende Frage ist, ob sie stark genug ist, um die Verantwortung zu tragen, die mit ihrem eigenen Erfolg entsteht." In Genf verfolgte Amina Hassan dieselben Bilder auf einem Monitor, während sie zwischen zwei Besprechungen kurz stehen blieb. Neben ihr diskutierten zwei Diplomaten aus verschiedenen Ländern leise darüber, ob die Proteste ein Zeichen für eine historische Öffnung oder ein Risiko für politische Stabilität seien. Amina hörte ihnen nur halb zu. Sie dachte an die Sitzung am Morgen, in der mehrere Delegationen argumentiert hatten, dass der neue Prozess nur dann legitim bleiben könne, wenn der öffentliche Druck nachlasse. Jetzt sah sie auf Bilder von Menschen, die offensichtlich das Gegenteil taten. Sie wusste, dass genau diese Dynamik viele Regierungen in Alarmbereitschaft versetzen würde. Wenn die Bewegung wuchs, während gleichzeitig institutionelle Verhandlungen begannen, würden beide Seiten sich gegenseitig verstärken. Bewegung und Prozess würden zu zwei Zahnrädern derselben historischen Maschine werden. Und Maschinen konnten auch zerbrechen. In einem Regierungsgebäude in einer europäischen Hauptstadt saß der Staatssekretär aus der Koordinierungssitzung am Vortag vor einem Bildschirm, auf dem die gleichen Demonstrationsbilder liefen, die auch Noah kommentierte. Neben ihm blätterte ein Berater durch eine Übersicht der neuen GSC-Gruppen, die sich in den letzten Stunden gebildet hatten. „Das bestätigt genau unsere Befürchtungen", sagte der Staatssekretär. „Der Prozess erzeugt eine Mobilisierung, die den Prozess weiter antreibt." „Oder die Mobilisierung erzeugt den Prozess", antwortete der Berater. „Das ist das gleiche Problem", sagte der Staatssekretär trocken. In Brooklyn sah David auf eine neue Nachricht, die gerade in den internen Kanälen eingegangen war. Eine Gruppe von Aktivisten in Jakarta hatte eine Plattform erstellt, auf der lokale Diskussionen über globale Reformideen gesammelt wurden. Innerhalb von zwei Stunden hatten sich mehrere tausend Menschen angemeldet. „Das ist unglaublich", murmelte Leila. „Das ist gefährlich", sagte David. „Warum?" „Weil wir jetzt nicht mehr nur eine Bewegung sind", antwortete er. „Wir sind ein Raum, in dem Menschen anfangen, Politik zu entwerfen." Er sah auf die steigenden Zahlen, auf die wachsenden Netzwerke, auf die Nachrichten aus Orten, die bisher nie miteinander verbunden gewesen waren. Es war genau das, was GSC immer hatte sein wollen. Und genau das, wovor seine Gegner Angst hatten. In Manhattan stand Lina schließlich auf und trat ans Fenster. Die Stadt unter ihr wirkte wie immer: Autos, Menschen, Lichter, ein normaler Tag. Aber irgendwo hinter dieser Normalität lief eine andere Bewegung, unsichtbar für viele und doch stark genug, um die Sprache der Macht zu verändern. Ihr Telefon vibrierte erneut. Eine neue Nachricht von David erschien auf dem Bildschirm. Nur ein Satz. Mehrere große Plattformen diskutieren gerade intern, ob sie GSC-Inhalte stärker regulieren müssen, weil Regierungen Druck machen. Lina sah auf den Satz, dann auf die Karte der wachsenden Bewegung, dann auf die Livebilder der Demonstrationen. Die Bewegung wuchs. Und mit jedem neuen Menschen, der sich anschloss, wuchs auch die Zahl der Kräfte, die bereit waren, sie zu stoppen. Sie legte das Telefon langsam auf den Tisch zurück und sagte leise, fast zu sich selbst: „Jetzt beginnt der eigentliche Kampf." Und während draußen die Sirenen einer Polizeikolonne durch die Straßen von Manhattan hallten, erschien auf einem Bildschirm im Raum eine Eilmeldung, die in wenigen Minuten um die Welt gehen würde: Mehrere Regierungen prüfen offiziell Maßnahmen gegen die internationale Infrastruktur von Global System Change.

4. Amina erkennt die Fragilität des Prozesses

Amina Hassan hatte in den letzten Jahren gelernt, dass Institutionen ihre Angst selten mit offenen Gesten zeigten. Sie zeigten sie in Umformulierungen, in plötzlich verlangsamten Abläufen, in dem Wunsch, erst noch technische Fragen zu klären, in der Produktion zusätzlicher Verfahren, sobald ein Prozess begann, politische Folgen zu versprechen. An diesem Morgen zeigte sich die Angst in der Art, wie die Menschen im Vorraum des Besprechungssaals ihre Stimmen senkten, sobald jemand mit einem höheren Ausweisrang vorbeiging, und in der Art, wie mehrere Delegationen gleichzeitig die Formulierung prozessuale Vorsicht verwendeten, als hätten sie sich nicht abgesprochen, obwohl genau diese Fiktion der Unabhängigkeit Teil des Spiels war. Der Himmel über Genf war bleiern, die Scheiben spiegelten die Innenbeleuchtung so stark, dass die Stadt dahinter nur als matte Bewegung existierte, und auf dem langen Tisch im Saal lagen bereits Mappen, die aussahen, als könnten sie Stabilität produzieren, wenn man sie nur ordentlich genug ausrichtete. Amina blieb einen Augenblick an der Tür stehen, nicht aus Zögern, sondern aus Gewohnheit. Sie hatte sich angewöhnt, vor jedem wichtigen Treffen den Raum zu lesen, bevor die Sprache ihn wieder verkleidete. Zwei lateinamerikanische Delegierte sprachen zu schnell und zu leise miteinander, ein Vertreter einer nordeuropäischen Mission blätterte in einem Entwurf, ohne ihn wirklich zu lesen, die Beraterin eines afrikanischen Staates sah nicht auf ihre Unterlagen, sondern auf die Gesichter der anderen. Am Ende der Tischreihe stand ein Jurist aus einer Mission, die sich in den letzten Monaten nie offen gegen den neuen Prozess gestellt hatte, aber immer dann auffällig präzise geworden war, wenn Präzision in Wahrheit Verhinderung bedeutete. Es war noch nichts gesagt worden, und doch war die Richtung des Tages schon spürbar. Nicht in der Frage, ob der eröffnete Vorprozess existieren durfte. Diese Frage war seit New York zu öffentlich geworden, um sie frontal zu stellen. Die eigentliche Front verlief nun dort, wo institutionelle Räume am wirksamsten kämpfen konnten: bei Reichweite, Zeit, Verbindlichkeit, Reihenfolge, Zuständigkeit. Nicht Abschaffung, dachte Amina, sondern Entkernung. Das war immer gefährlicher, weil es sich wie Vernunft anfühlte. Die Sitzung begann mit jener höflichen Nüchternheit, die in multilateralen Gebäuden oft der Moment war, in dem Geschichte in Verwaltung übersetzt wurde. Der Vorsitzende dankte allen Delegationen für ihre Bereitschaft, „in einer Phase erhöhter globaler Sensibilität" konstruktiv an der Ausgestaltung des vorläufigen Formats mitzuwirken. Vorläufig. Mitzuwirken. Ausgestaltung. Jedes Wort eine kleine Verschiebung. Als hätte man in New York nicht einen politisch bedeutsamen Schritt geöffnet, sondern ein neutrales Diskussionsformat erfunden, das man nun in verwaltungstaugliche Teile zerlegen konnte. Amina machte sich keine Notizen in den ersten Minuten. Sie hörte. Eine Delegation aus Südostasien sprach von der Notwendigkeit, „öffentliche Erwartungsdynamiken" von institutionellen Verfahren zu entkoppeln. Ein europäischer Vertreter warnte davor, dass „unter hohem Mobilisierungsdruck eingeleitete Strukturen" ihre Legitimation beschädigen könnten, noch bevor sie sie gefunden hätten. Jemand aus Nordamerika sagte, man müsse sicherstellen, dass der Prozess „keine implizite Präjudizierung späterer konstitutioneller Fragen" enthalte. Es war dieselbe Grammatik wie in der Erklärung des Machtblocks, nur hier feiner, beschlagener, ohne die grobe Temperatur öffentlicher Rhetorik. Amina spürte es mit wachsender Klarheit: Die Gegenbewegung hatte zwei Gesichter. Draußen sprach sie in alarmierten Schlagzeilen von Souveränität, Schutz, Kontrolle. Drinnen sprach sie in zivilisierten Abstufungen, die am Ende dasselbe taten. Sie machte etwas kleiner, bevor es groß genug werden konnte, um zurückzusprechen. Als sie selbst das Wort bekam, sagte sie nicht sofort, was sie dachte. Auch das hatte sie gelernt. In Institutionen verlor nicht nur derjenige, der zu wenig sagte. Oft verlor auch derjenige, der zu früh die Wahrheit benannte und damit allen die Möglichkeit nahm, noch so zu tun, als sei die Lage offen. „Wir sollten darauf achten", sagte sie mit ruhiger Stimme, „dass Vorsicht nicht mit politischer

Selbstkastration verwechselt wird." Einige Blicke gingen zu ihr, manche überrascht, andere nur kurz interessiert. Sie fuhr fort. „Der Prozess wurde nicht eröffnet, um seine eigene Bedeutung administrativ zu neutralisieren. Wenn wir ihn so gestalten, dass er keinerlei reale Anschlussfähigkeit mehr besitzt, schützen wir nicht Stabilität. Dann produzieren wir nur ein aufwendiges Ritual des Nichtstuns." Ein Jurist am anderen Ende des Tisches lächelte beinahe unmerklich, das Lächeln eines Mannes, der einen Satz gehört hatte, den er später als Beweis einer angeblichen Parteilichkeit verwenden konnte. „Niemand plädiert für Nichtstun", sagte er. „Aber politische Tiefe ohne geklärte Repräsentationsgrundlage wäre in der gegenwärtigen Lage hochriskant." „Die gegenwärtige Lage", antwortete Amina, „ist nicht deshalb riskant, weil zu viel Politik geschieht, sondern weil zu lange zu wenig geschehen ist." Ein kurzes Schweigen entstand, nicht weil sie einen Raum erobert hätte, sondern weil sie einen Satz ausgesprochen hatte, den viele dachten und nur wenige in einem solchen Rahmen sagten. Danach kam, wie fast immer, die Rückkehr des Apparats. Ein Vertreter einer großen Mission schlug eine zusätzliche Prüfgruppe vor. Eine andere Delegation wollte die erste Arbeitsphase auf „Kartierung bestehender Perspektiven" beschränken. Eine dritte forderte schriftliche Zusicherungen, dass weder Strukturmodelle noch Repräsentationsfragen in den frühen Runden thematisiert würden. Mit jedem Beitrag schob sich der Prozess um einen weiteren halben Schritt von Zukunft in Verwaltung. Amina hörte zu und verstand plötzlich, dass die Fragilität des Ganzen nicht nur von den offen feindlichen Kräften ausging. Sie ging auch von den vorsichtigen Verbündeten aus, von denen, die den Prozess prinzipiell richtig fanden, aber nur in einer Form, die sie nichts kostete. Geschichte, dachte sie, scheitert selten nur an ihren Gegnern. Oft scheitert sie an den Freunden, die sie für klug halten, solange sie folgenlos bleibt. Als die Sitzung unterbrochen wurde, ging sie nicht sofort in den Flur, sondern blieb einen Moment allein am Tisch sitzen, während ringsum Akten zusammengeschoben, Stühle bewegt und Gespräche aufgenommen wurden, deren eigentlicher Inhalt niemals im Protokoll landen würde. Auf ihrem Bildschirm erschienen gleichzeitig drei neue Nachrichten. Eine aus New York, eine aus Brüssel, eine aus einem internen Analysekanal ihres Teams. In New York meldete man, dass mehrere Missionen bereits an einem alternativen Text arbeiteten, der den Prozess explizit als rein konsultativ definieren würde. In Brüssel hieß es, die Konferenz zur demokratischen Souveränität und institutionellen Stabilität, die der Machtblock angekündigt hatte, gewinne rasch zusätzliche Unterstützer. Der Analysekanal ihres Teams fasste zusammen, was Amina längst selbst erkannt hatte: Risiko höchster Ordnung nicht formaler Abbruch, sondern graduelle Entpolitisierung bei gleichzeitiger Symbolfortsetzung. Sie legte das Telefon umgedreht auf den Tisch. Der Satz traf sie härter, als sie erwartet hatte, gerade weil er so sachlich war. Ein formaler Abbruch wäre laut gewesen, angreifbar, mobilisierend. Eine graduelle Entpolitisierung dagegen wäre elegant, vernünftig, professionell und möglicherweise tödlich für alles, was in New York überhaupt erst begonnen hatte. Auf dem Weg in den Flur hielt sie ein Delegierter aus einem mittelgroßen Staat auf, mit dem sie in den vergangenen Monaten mehrfach diskret gesprochen hatte. Er war keiner der Lauten, keiner, der aus Prinzip bremste. Gerade deshalb nahm sie ihn ernst. „Amina", sagte er, und seine Stimme war leiser als üblich. „Sie unterschätzen, wie viel Angst in den Hauptstädten unterwegs ist." „Ich unterschätze sie nicht", sagte sie. „Ich sehe nur, dass Angst inzwischen als Verfahren auftritt." Er sah sie einen Moment lang an, als prüfe er, ob Offenheit in diesem Korridor noch möglich sei. „Viele Regierungen glauben, dass sie einen Präzedenzfall nicht mehr einfangen können, wenn er einmal politische Substanz bekommt. Nicht wegen des aktuellen Textes, sondern wegen dessen, was künftig damit gemacht werden könnte. Sie haben das Gefühl, dass ihnen die Reihenfolge entgleitet. Erst Mobilisierung, dann Verfahren, dann Strukturdebatte. Für sie ist das kein Fortschritt. Für sie ist das Kontrollverlust." „Und für Sie?" fragte Amina. Er antwortete nicht sofort. „Für mich", sagte er schließlich, „ist es beides." Danach ging er weiter. Im Flur vor den Besprechungsräumen war das Stimmengewirr dichter geworden. Presseleute warteten in einem abgesperrten Bereich, Assistentinnen liefen mit Tablets zwischen Türen, irgendwo fiel ein Metallwagen zu laut gegen eine Wand, und aus einem Seitenraum drang das summende Geräusch einer Übersetzungsanlage. Amina trat an eines der hohen Fenster und sah nun doch kurz nach draußen, wo die Stadt in winterlicher Zurückhaltung lag, als wüsste sie nichts von der Grammatik der Verzögerung in diesem Gebäude. Ihr Telefon vibrierte wieder. Diesmal war es Lina. Keine Sprachnachricht, kein langer Text. Nur eine Frage: Wie schlimm ist es? Amina las sie, hielt das Gerät in der Hand und antwortete zunächst nicht. Sie dachte an Lina in dem kleinen Arbeitsraum in Manhattan, an die übermüdeten Gesichter im Kreis um sie herum, an Davids Datenwände und Noahs Blick, der inzwischen immer häufiger so wirkte, als sehe er nicht nur die Nachrichten, sondern auch ihren Schatten. Sie dachte an die Gruppen in Städten, die sich der Bewegung nun anschlossen, gerade weil der Machtblock sichtbar geworden war. Wachstum und Gefährdung, Rückenwind und Einkesselung. Alles zugleich. Schließlich schrieb sie: Schlimmer als offener Widerstand. Sie wollen den Prozess behalten und seine Folgen töten. Die Antwort kam fast sofort. Dann müssen wir verhindern, dass Höflichkeit zur Waffe wird. Amina sah auf den Satz und spürte einen kurzen, unangenehmen Anflug von Müdigkeit, nicht körperlich, sondern moralisch. Genau darin lag das Problem. Wer gegen offene Feindschaft kämpfte, konnte sich positionieren. Wer gegen höfliche Entleerung kämpfte, musste ständig beweisen, dass er nicht selbst der Radikale war. Sie steckte das Telefon ein, als jemand sie beim Namen rief. Es war einer der jüngeren Mitarbeiter aus ihrem Team, sonst präzise, kontrolliert, fast zu diszipliniert für sein Alter. Jetzt war seine Fassung dünner als sonst. „Wir haben ein Problem“, sagte er. „Was für eins?“ „Es gibt einen neuen Entwurf aus dem Souveränitätskreis. Inoffiziell noch, aber mehrere Missionen haben ihn schon gesehen. Sie koppeln ihre Teilnahme am nächsten Arbeitstreffen an eine Vorbedingung.“ Amina sah ihn an. „Welche Vorbedingung?“ Er schluckte. „Eine öffentliche Erklärung, dass Global System Change keinerlei operative Rolle im weiteren Verfahren hat, keinen privilegierten Zugang erhält und dass alle bisherigen Kontakte rein informell und unverbindlich waren." Für einen Moment sagte sie nichts. Sie wusste sofort, was der Text bedeutete. Nicht bloß Distanzierung. Es war der Versuch, das politische Gedächtnis selbst umzuschreiben. Alles, was in Band eins und zwei erkämpft worden war, die vorsichtigen Kontakte, die Signale, die Gespräche, der Eintritt in den Raum der Geschichte, die Öffnung des Prozesses, sollte nachträglich in eine peinliche Episode unmaßgeblicher Nähe zurückverwandelt werden. Nicht Verbot, sondern Annullierung der Wirklichkeit. „Wer treibt das?" fragte sie. „Noch unklar. Aber der Entwurf ist professionell. Nicht improvisiert." Natürlich nicht, dachte sie. Nichts daran war improvisiert. Der Machtblock hatte sich nicht nur gezeigt. Er hatte verstanden, wo dieser Prozess am verletzlichsten war: nicht in seiner Symbolik, sondern in seiner Anschlussstelle zwischen Bewegung und Institution. Wenn man genau diese Stelle kappte und gleichzeitig so tat, als verteidige man nur formale Fairness, konnte man den gesamten Übergang in eine Fata Morgana verwandeln. Amina begann bereits zu gehen, bevor der Mitarbeiter ausgeredet hatte. Durch den Flur, vorbei an den wartenden Kameras, vorbei an Delegierten, die gerade noch ruhig sprechen konnten, weil sie die volle Schwerkraft dieses Entwurfs noch nicht begriffen hatten, hinein in einen kleineren Nebenraum, in dem ihr Team an zwei Tischen und drei Bildschirmen saß. „Zeigen Sie ihn mir", sagte sie. Als der Text auf dem Schirm erschien, reichte ein Blick. Es war elegant gemacht. Anerkennung allgemeiner zivilgesellschaftlicher Impulse. Bekräftigung institutioneller Neutralität. Hinweis auf die Notwendigkeit ausgewogener Beteiligung. Keine Akteursprivilegierung. Distanz zu jeder Form transnationaler Druckausübung. Und darin, sauber versteckt, der eigentliche Schnitt: dass alle bisherigen Kommunikationskanäle mit GSC weder politisch noch prozedural als vorstrukturierend zu verstehen seien. Amina trat näher an den Bildschirm heran, als könnte Distanz den Satz weniger real machen. Neben ihr sagte jemand aus ihrem Team: „Wenn das durchgeht, verlieren wir nicht formal den Prozess. Aber wir verlieren die Brücke." Amina antwortete nicht sofort. Ihr Blick blieb auf einer Formulierung hängen, die so professionell glatt war, dass nur Menschen mit langer Erfahrung in solchen Räumen ihr volles Gift darin erkannten. Keine Vorprägung institutioneller Optionen durch extern induzierte Erwartungslagen. Extern induziert. Erwartungslagen. Die Welt stand draußen auf Straßen, in Studios, an Küchentischen, in Chats, in Märkten, in Ministerien, und hier drinnen versuchte man, sie zu einem externen Faktor zu erklären, zu Wetter, zu Lärm, zu einem ungebetenen Nebengeräusch der eigentlichen Politik. In diesem Moment verstand Amina die Fragilität des Prozesses nicht mehr bloß als Risiko. Sie verstand sie als präzise angreifbare Architektur. Nicht weil er zu wenig Wille hatte. Nicht weil die Idee zu groß war. Sondern weil jeder Schritt nach vorn jetzt eine doppelte Verteidigung brauchte: gegen die offene Panik des Machtblocks und gegen die administrierte Harmlosigkeit des Systems selbst. Sie hob den Blick vom Bildschirm. „Rufen Sie New York an", sagte sie. „Und schließen Sie die Tür." Der junge Mitarbeiter nickte, aber bevor er sich bewegte, vibrierte auf dem Tisch eines der Telefone so heftig, dass alle im Raum gleichzeitig hinsahen. Eine Eilmeldung aus mehreren Agenturen lief ein, fast wortgleich formuliert, als sei sie vorbereitet worden. Mehrere Staaten erklärten ihre Bereitschaft zur Teilnahme am weiteren Reformprozess bis auf Weiteres für überprüfungsbedürftig, sollten Fragen der institutionellen Neutralität nicht umgehend geklärt werden. Amina las die Zeile einmal, dann noch einmal, und wusste mit der kalten Sicherheit jahrelanger Erfahrung, dass dies kein Warnschuss mehr war. Es war der Beginn einer Erpressung in Verfahrenssprache.

5. Noah sieht den Kampf um die Deutungshoheit

Noah Stein hatte aufgehört, an die beruhigende Lüge zu glauben, dass Öffentlichkeit aus konkurrierenden Fakten bestehe, die sich irgendwann zu einer vernünftigen Gesamtsicht ordneten. Öffentlichkeit war schneller, grausamer und formbarer als das. Sie bestand aus Reihenfolgen, aus Wiederholungen, aus Blickwinkeln, aus der Frage, welcher Satz früh genug in Umlauf kam, um spätere Differenzierungen wie nachträgliche Ausreden aussehen zu lassen. Als er an diesem Morgen das Studio in Wien betrat, wusste er bereits, dass die eigentliche politische Front der nächsten Tage nicht nur in Konferenzräumen, Fluren und verschlüsselten Kanälen verlaufen würde, sondern auf Bildschirmen, in Bauchbinden, in Clips von zwölf Sekunden, in scheinbar harmlosen Formulierungen, die sich über Kontinente hinweg gegenseitig verstärkten, bis sie wie gesunder Menschenverstand klangen. Der Produzent, ein Mann mit jener professionellen Nervosität, die in Nachrichtentagen aus jeder Geste ein Zeitproblem machte, fing ihn noch vor der Maske ab. „Wir ziehen den Schwerpunkt vor", sagte er. „Die Souveränitätskonferenz in zwei Wochen ist jetzt Leitgeschichte. Außerdem laufen neue Bilder aus Brüssel, Warschau, Bogotá und Toronto. Proteste und Gegendemonstrationen, viel Polizei, keine größeren Zwischenfälle, aber gute Bilder." Noah blieb kurz stehen. Gute Bilder. Er hasste diese Formulierung nicht, weil sie falsch war, sondern weil sie meistens stimmte. Bilder mussten nicht objektiv sein, um wirksam zu werden. Sie mussten nur das richtige Gefühl in die richtige Reihenfolge bringen. „Was ist die Linie?" fragte er. Der Produzent zog ein Tablet hoch. „Die Agenturen fahren gerade drei Hauptframes. Erstens: Kampf um demokratische Legitimation. Zweitens: transnationale Bewegung gegen staatliche Ordnung. Drittens: institutionelle Reform unter Druck. Wir müssen entscheiden, in welchem Film wir das erzählen." Noah nahm ihm das Tablet nicht ab. „Wir erzählen keinen Film", sagte er. „Wir erzählen eine Lage." Der Produzent sah ihn mit der milden Verzweiflung an, die Menschen entwickeln, wenn sie mit jemandem arbeiten, der recht hat und trotzdem das Sendeproblem nicht löst. „Lagen haben keine Einschaltkurve." „Genau deshalb kippt alles." Im Maskenraum stand der Fernseher ohne Ton, während zwei Assistentinnen über ihren Telefonen gebückt die neuesten Pushmeldungen verglichen. Auf einem Sender lief die Überschrift Die Welt streitet über ihre Zukunft, auf einem anderen Wem gehört die Demokratie?, auf einem dritten schlicht Machtprobe. Noah setzte sich, ließ die Visagistin arbeiten und sah auf die stummen Bilder einer Demonstration, bei der ein Mann ein Plakat in die Kamera hielt, auf dem stand Kein Mandat für die Welt. Der Schnitt wechselte zu einer jungen Frau mit Megafon, die rief, dass niemand mehr das Recht habe, globale Krisen in nationale Zuständigkeiten zu zerlegen. Dann wieder eine Polizeikette, dann ein Außenminister, dann ein Börsenticker, der tiefer rot wurde, als die tatsächliche Lage es an diesem Morgen rechtfertigte. Es war alles schon da: nicht die Wahrheit, aber ihre Verwertungsformen. Er dachte an Band eins, an die Zeit, als Global System Change noch als exzentrische, schwer einzuordnende Mischung aus Analyse, Bewegung und Zumutung behandelt worden war, an die ersten Interviews mit Lina, in denen selbst wohlwollende Redaktionen nicht hatten entscheiden können, ob sie einer ernsthaften politischen Stimme oder einer besonders intelligenten idealistischen Projektion gegenübersaßen. Später, in Band zwei, war es brutaler geworden. Nicht nur größer, sondern lesbarer für das System. Aus Neugier war Prüfung geworden, aus Prüfung Klassifikation, aus Klassifikation Angriff. Und mit jedem Schritt war die Öffentlichkeit weniger ein Raum des Verstehens geworden als ein Feld, auf dem entschieden wurde, in welcher Gestalt eine Bewegung überhaupt auftreten durfte. Noah hatte das kommen sehen, aber das schützte ihn nicht vor dem Gefühl, nun mitten in einer Maschine zu stehen, die ihre Geschwindigkeit aus Angst bezog. Im Redaktionsraum war die Luft schlecht und die Konzentration mechanisch. Drei Wände voller Monitore, ein langer Tisch mit halb getrunkenen Kaffees, die immer gleich aussahen, egal ob der Tag gerade erst begann oder schon ausfranste, und überall jene Bildschirme, auf denen politische Wirklichkeit in gleich große Fenster zerlegt wurde. Eine Redakteurin aus dem internationalen Team winkte Noah heran. „Schau dir das an." Sie zeigte auf eine Zusammenstellung von Talkshow-Ausschnitten, Pressebriefings und Kommentaren aus verschiedenen Ländern. Was ihn traf, war nicht die Übereinstimmung der Positionen, sondern die Übereinstimmung des Tons. Dieselbe gravitätische Ruhe, dieselbe Sorge um Stabilität, dieselbe klug klingende Warnung davor, dass moralisch aufgeladene Mobilisierung kein Ersatz für demokratische Legitimation sei. Die Worte variierten, die Syntax blieb. „Sie lernen schnell", sagte Noah. „Oder sie haben lange vorbereitet und erst jetzt den Anlass bekommen", erwiderte die Redakteurin. Er nickte. Auf dem nächsten Bildschirm liefen bereits Gegenbilder. Junge Menschen auf Plätzen, lokale Treffen in Gemeinderäumen, Professorinnen, Gewerkschafter, Pflegerinnen, Studierende, Menschen, die nicht wie revolutionäre Avantgarden aussahen, sondern wie Bürger, die plötzlich das Gefühl hatten, dass Politik etwas mit dem Maßstab ihrer Probleme zu tun haben könnte. Auch diese Bilder hatten ihre Wahrheit. Auch sie waren gefährlich, sobald man sie zu sauber montierte. Hoffnung ließ sich ebenso propagandistisch schneiden wie Angst. Vielleicht leichter. „Was willst du machen?" fragte die Redakteurin. Noah sah wieder auf die montierten Sätze des Machtblocks. „Ich will zeigen, dass der Kampf gar nicht nur um Verfahren geht", sagte er. „Er geht darum, wer festlegen darf, was als verantwortungsvoll gilt und was als gefährlich." Sie verzog kurz den Mund. „Das ist stark. Aber es ist Analyse, kein Teaser." „Dann schreib einen schlechteren Teaser und lass mich den Rest sagen." Kurz darauf saß er in einem Glaskasten, eine Minute vor der Live-Schalte, und las auf seinem Tablet die neuesten Agenturformeln. Öffnung unter Druck. Gefährliche Präzedenzbildung. Demokratiedefizit der Bewegung. Sicherheitsbedenken gegen strukturelle Vorentscheidungen. Parallel dazu eine neue Welle von Clips, in denen GSC-Unterstützer die Erklärung des Machtblocks nicht nur als Gegenwehr, sondern als Selbstentlarvung verkauften. Jetzt zeigen sie ihr wahres Gesicht. Jetzt wissen wir, wie viel Angst sie haben. Jetzt ist klar, wer Geschichte blockiert. Noah spürte den Impuls, das Gerät wegzulegen. Nicht aus Überforderung, sondern weil er wusste, wie verführerisch es in solchen Momenten war, sich von Klarheit betäuben zu lassen. Je komplizierter die Lage, desto größer die Marktnachfrage nach moralisch sauberen Fronten. Aber Genauigkeit war das Einzige, woran man sich in politischen Krisen festhalten konnte, wenn man nicht selbst zu ihrem Beschleuniger werden wollte. Die Regie zählte herunter. Als die Kamera anging, war sein Gesicht auf Millionen Bildschirmen nur ein weiteres Rechteck in einer Kette aus Deutung, Konkurrenz und Erwartung. „Die entscheidende Frage dieser Stunden", sagte er, „lautet nicht nur, ob ein globaler Reformprozess politisch überlebt. Die entscheidende Frage lautet auch, wer ihn sprachlich definieren darf. Ist er der vorsichtige Beginn einer überfälligen demokratischen Öffnung, oder ist er ein gefährlicher Versuch, politische Legitimation durch transnationale Mobilisierung zu ersetzen? Diese Begriffe sind nicht nur Beschreibung. Sie sind bereits Macht." Während er sprach, sah er im Augenwinkel die eingeblendeten Bilder wechseln. Erst eine Sitzungssäleinstellung aus Genf, dann eine Demonstration in Buenos Aires, dann eine Pressekonferenz eines Ministers, dann eine Nahaufnahme von Lina aus dem Flur in New York, aufgenommen nach der Entscheidung aus Band zwei, erschöpft, ernst, nicht siegreich. Die Regie hatte unbewusst oder mit Instinkt genau das Bild gewählt, das den Konflikt zuspitzte. Nicht der fanatische Aufruhr einer Bewegung, sondern die Schwere einer Frau, die aussah, als hätte sie verstanden, dass jede politische Öffnung sofort in Verantwortung umschlägt. Noah redete weiter, aber innerlich machte er sich bereits Notizen. Welche Bilder würden in drei Tagen dominieren? Welche Sätze würden dann wie Tatsachen behandelt werden, obwohl sie heute nur strategische Beschreibungen waren? Nach der Schalte wurde er direkt in eine interne Besprechung gezogen. Der Sender plante eine längere Abendsendung mit Gästen aus mehreren Ländern. Die Vorschlagsliste lag schon vor. Ein ehemaliger

Außenminister, eine Politikwissenschaftlerin, ein bekannter liberaler Kolumnist, eine Aktivistin aus einer nahen GSC-Umgebung, deren Name Noah kannte und deren rhetorische Stärke zugleich ein Risiko war. „Nicht sie“, sagte er sofort. Die Redaktionsleiterin hob eine Augenbraue. „Warum?“ „Weil sie zu gut in moralischer Zuspitzung ist. Dann laden wir auf der anderen Seite einen ehemaligen Verteidigungsberater ein, der von Staatszerfall spricht, und am Ende haben wir keinen Erkenntnisgewinn, nur einen besonders intelligenten Bürgerkrieg im Fernsehen.“ Die Redaktionsleiterin legte den Stift auf den Tisch. „Was schlägst du vor?“ Noah dachte kurz an Amina, verwarf es sofort. Sie würde in diesem Moment nicht kommen, und selbst wenn, würde sie im Studio zu viel von ihrer institutionellen Beweglichkeit verlieren. Dann dachte er an Lina und verwarf auch das. Zu früh. Zu symbolisch. Zu gefährlich. „Jemanden, der das Verfahren erklären kann, ohne in Lagerlogik zu sprechen. Und jemanden aus der sozialen Realität der Bewegung, nicht aus ihrem medialen Rand.“ „Das verkauft sich schlechter.“ „Dann verkauft es wenigstens nicht die Lüge, dass hier nur zwei moralische Armeen aufeinandertreffen.“ Niemand antwortete gleich. Im Raum war das Summen der Monitore zu hören, das Telefon einer Assistentin, irgendwo das trockene Klicken einer Tastatur. Schließlich sagte die Redaktionsleiterin: „Du klingst heute, als würdest du gegen das Fernsehen arbeiten.“ Noah sah sie an. „Ich arbeite gegen das Schlechteste am Fernsehen.“ Danach verließ er die Redaktion für ein Treffen mit einer Kontaktperson aus diplomatischen Kreisen in einem Hotel, dessen Teppiche immer so aussahen, als wären über sie schon zu viele Übergangslösungen gelaufen. Sie trafen sich nicht in der Bar, sondern in einer unauffälligen Sitzecke nahe einem Konferenzsaal, aus dem gedämpftes Stimmengewirr kam. Die Kontaktperson, ein Mann, der noch nie offen zugegeben hatte, auf wessen Seite er im eigentlichen Sinn stand, trank Mineralwasser und kam ohne Einleitung zur Sache. „Sie unterschätzen die mediale Koordination“, sagte er. „Wer?“ „Fast alle. Auch eure Leute.“ Noah mochte das Wort eure nicht, ließ es aber stehen. „Was heißt Koordination?“ „Nicht Verschwörung. Schlimmer.

Konvergenz. Die Regierungen, die Institutionen, die wirtschaftsnahen Stimmen, die Sicherheitsleute, die moderaten Kommentatoren, sie müssen sich nicht absprechen, wenn sie dieselben Begriffe für vernünftig halten. Dann wiederholen sie einander, ohne den Eindruck von Kampagne zu erzeugen." Noah nickte langsam. Genau das hatte er den ganzen Tag gesehen. „Und GSC?" fragte er. Der Mann zuckte kaum merklich mit den Schultern. „Hat das gegenteilige Problem. Zu viele echte Stimmen. Zu wenig gemeinsame Disziplin. Das wirkt lebendig, bis es chaotisch wirkt. Dann gewinnt die Seite, deren Sprache professioneller aussieht." Noah sah zum Konferenzsaal, an dessen Tür gerade zwei Männer vorbeigingen, die er aus Panels und Gipfelfotos kannte. Einer lachte über etwas, das mit dieser Krise vermutlich nichts zu tun hatte. Es irritierte Noah, wie normal politische Gegner in Fluren immer aussahen. Geschichte trug selten Uniform. „Also ist das hier ein Kampf um Ästhetik", sagte er. „Nein", antwortete der Mann. „Es ist ein Kampf darum, welche Form von Angst seriös aussieht." Auf dem Rückweg ging Noah ein Stück zu Fuß durch die kalte Stadt, das Telefon in der Tasche, den Mantel nicht weit genug geschlossen. Er dachte an die regionalen Clips der Bewegung, an die lokalen Treffen, an die Gesichter von Menschen, die nicht in Begriffe wie transnationale Mandatsfiktion oder prozedurale Neutralität sprachen, sondern in Mieten, Kriegen, Medikamentenpreisen, Dürre, Erschöpfung und dem Gefühl, dass niemand irgendwo wirklich für das Ganze zuständig war. Genau darin lag die Stärke von GSC. Und genau darin lag auch ihre mediale Schwäche. Das gelebte Material der Bewegung war wahrer als die synthetischen Begriffe des Machtblocks, aber Wahrheit hatte in Krisen keinen automatischen Verbreitungsvorteil. Sie musste gerahmt werden, ohne verraten zu werden. Noah fragte sich, ob das überhaupt möglich war. Sein Telefon vibrierte. Eine Nachricht von Lina. Nur ein Link und darunter: Sie drehen es gerade. Noah öffnete den Link. Es war ein großer internationaler Sender. In einem Kommentar wurde gerade in ruhigem Ton erklärt, dass der neue globale Reformprozess zwar auf den ersten Blick demokratisch wirke, in Wahrheit aber eine gefährliche Erosion verfasster Legitimation darstellen könne, weil lautstarke transnationale Mobilisierung keine überprüfbare Repräsentation ersetze. Dazu liefen Bilder von Protesten, von gedrängten Massen, von erhitzten Gesichtern, und dazwischen ein kurzer Clip, in dem ein lokaler GSC-Aktivist in einer emotionalen Rede etwas von historischer Unvermeidlichkeit sagte. Unvermeidlichkeit. Ein einziges falsch platziertes Wort, und der gesamte Kommentar bekam seine perfekte Illustration. Noah blieb unter einer Straßenlaterne stehen und sah den Ausschnitt zu Ende. Nicht, weil er es musste, sondern weil er sich zwingen wollte, das Ausmaß der Lage nicht kleinzureden. Sie drehten es tatsächlich. Nicht alles. Nicht überall. Aber genug, damit sich in den Köpfen von Millionen langsam eine Erzählung festsetzen konnte: hier die nervöse, unmandatierte Bewegung mit wachsender Reichweite; dort die besorgten, verantwortungsvollen Staaten, die Schlimmeres verhindern wollten. Er dachte an Lina, an David, an Amina. Jeder von ihnen kämpfte an einer anderen Front derselben Wirklichkeit. Lina gegen die moralische Last, nicht zur falschen Symbolfigur zu werden. David gegen die technische Versuchung, Ordnung nur noch über Kontrolle zu sichern. Amina gegen die elegante Entleerung eines Prozesses, der gerade erst begonnen hatte. Und er selbst gegen etwas, das diffuser war und darum vielleicht gefährlicher: gegen die Tendenz von Öffentlichkeit, Komplexität so lange zu glätten, bis Macht wie Vernunft und Angst wie Verantwortung klang. Als er wieder losging, klingelte sein Telefon. Die Redaktionsleiterin. „Wir haben ein Problem“, sagte sie, noch bevor er etwas sagen konnte. „Welches?“ „Mehrere Sender spielen gerade denselben Ausschnitt von einer GSC-Kundgebung in Toronto. Der mit dem Satz über historische Unvermeidlichkeit. Es geht viral. Regierungssprecher in zwei Hauptstädten haben ihn schon aufgegriffen.“ Noah blieb stehen. „Wer hat den Clip zuerst geschnitten?“ „Noch unklar. Aber es verbreitet sich zu sauber. Jemand hat Untertitel in fünf Sprachen vorbereitet.“ Für einen Moment sagte Noah nichts. Er sah auf die vorbeifahrenden Autos, auf das Licht in den Fenstern, auf eine Stadt, die nichts von der Geschwindigkeit wusste, mit der politische Bedeutungen gerade neu sortiert wurden. Dann fragte er: „Was sagen unsere Leute in Toronto?" Am anderen Ende der Leitung hörte er Tastaturgeräusche. „Die Rede war zwölf Minuten lang. Der Satz war eingebettet in etwas ganz anderes. Der Clip ist manipulativ, aber nicht technisch gefälscht." Genau deshalb war er so gefährlich. Keine Lüge, nur eine perfekte Schwerkraftverschiebung. „Zieh alles dazu zusammen", sagte Noah. „Originalmaterial, vollständige Rede, Kontext, Reaktionen. Und gib mir jede Station, die das zuerst gespielt hat." „Willst du damit in die Sendung?" fragte die Redaktionsleiterin. Noah sah in die Nacht, und seine Antwort kam härter, als er es geplant hatte. „Nein. Ich will wissen, ob wir gerade Berichterstattung sehen oder den Beginn einer Operation." Einen Moment lang war am anderen Ende nur Stille. Dann sagte sie: „Ich schicke dir alles." Noah legte nicht sofort auf. Er hörte noch den Atem der Leitung, als könnte darin schon die nächste Wendung liegen. Und als er schließlich das Gespräch beendete und weiterging, erschien auf seinem Bildschirm die erste Pushmeldung eines großen Netzwerks, nüchtern formuliert und darum umso gefährlicher: Zunehmende Radikalisierungstonlagen innerhalb von Global System Change werfen neue Fragen zur politischen Verantwortbarkeit des Reformprozesses auf. Noah las den Satz einmal, steckte das Telefon ein und wusste, dass der Kampf um die Deutungshoheit gerade aufgehört hatte, Hintergrundrauschen zu sein. Er war selbst zum Ereignis geworden.

6. Lina spürt, dass jede weitere Eskalation globale Folgen hat

Lina Koran hatte in den letzten Monaten gelernt, dass Macht selten dort fühlbar wurde, wo sie offiziell lag, sondern in jenen Momenten, in denen Menschen begannen, ihre Erwartungen auf eine einzige Stimme zu richten, als könnte sie die Richtung der Geschichte korrigieren, wenn sie nur die richtigen Worte fände. An diesem Morgen fühlte sich diese Erwartung nicht wie Vertrauen an, sondern wie ein Gewicht, das in jedem neuen Nachrichtenfenster auf ihrem Bildschirm ein wenig schwerer wurde. Der Arbeitsraum in Manhattan war stiller als sonst, nicht weil weniger geschah, sondern weil alle im Raum bereits begriffen hatten, dass die Ereignisse der letzten Tage eine Schwelle überschritten hatten, die niemand von ihnen mehr kontrollieren konnte. Auf der großen Karte an der Wand blinkten Markierungen aus Dutzenden Städten, einige grün für Versammlungen von GSC-Gruppen, andere orange für Gegenproteste, wieder andere grau für politische Stellungnahmen aus Ministerien, Institutionen oder Parteien. Die Farben wirkten auf den ersten Blick neutral, fast analytisch, doch Lina wusste inzwischen, dass jede dieser Markierungen für Menschen stand, die glaubten, dass das, was sie hier taten, ihr Leben berühren würde. Und genau das machte alles gefährlicher als jede formale Entscheidung. David war noch zugeschaltet aus Brooklyn, sein Gesicht von den Monitoren hinter ihm blau beleuchtet, während er mit einem Finger über eine neue Übersicht scrollte, die er gerade zusammengestellt hatte. „Die Aktivität steigt weiter", sagte er ohne Einleitung. „Nicht nur bei uns. Auch bei denen." Lina musste nicht fragen, wer mit denen gemeint war. Der Machtblock hatte seine Präsenz inzwischen so deutlich gezeigt, dass niemand mehr so tun konnte, als handle es sich um spontane Besorgnis einzelner Staaten. „Wo besonders?" fragte sie. David vergrößerte einen Ausschnitt der Karte. „Europa und Lateinamerika, vor allem.

Aber auch in Südostasien und Teilen Afrikas wächst die Beteiligung. Gleichzeitig sehen wir koordinierte Gegenkampagnen, neue Narrativlinien, Plattformprüfungen und mindestens zwei staatliche Anfragen zu regulatorischen Maßnahmen gegen unsere Infrastruktur." Lina sah auf die Daten, ohne sofort etwas zu sagen. Sie erinnerte sich an den Moment in Band eins, als Global System Change noch ein Gedanke gewesen war, ein Gespräch, das plötzlich größer wurde als der Raum, in dem es begonnen hatte. Damals hatte sie geglaubt, dass die größte Herausforderung darin bestehen würde, gehört zu werden. Heute wusste sie, dass gehört zu werden nur der Anfang eines viel gefährlicheren Prozesses war. „Wir müssen vorsichtig sein", sagte sie schließlich. Einer der jüngeren Organisatoren im Raum hob den Kopf. „Vorsichtig womit?" Lina sah ihn an. „Mit allem." In Wien saß Noah Stein in einem abgedunkelten Studio und beobachtete auf einem Nebenmonitor die Liveübertragung einer GSC-Versammlung in Buenos Aires. Mehrere tausend Menschen standen auf einem Platz, während eine junge Rednerin erklärte, dass die Welt an einem historischen Punkt angekommen sei, an dem die alten politischen Strukturen nicht mehr ausreichten. Der Satz war nicht falsch. Aber Noah wusste, wie leicht er sich in ein anderes Bild übersetzen ließ. „Das ist genau das Material, das sie brauchen", sagte die Produzentin neben ihm. Noah nickte kaum sichtbar. „Und gleichzeitig genau das Material, das zeigt, warum diese Bewegung existiert." In Genf stand Amina Hassan im Flur vor einem Sitzungssaal, während sie auf ihrem Telefon mehrere Nachrichten gleichzeitig las. Die neuesten Entwürfe aus dem Souveränitätsblock versuchten inzwischen offen, die Rolle von GSC im weiteren Prozess zu begrenzen, während gleichzeitig mehrere Delegationen signalisierten, dass sie den Reformdialog nur dann fortsetzen würden, wenn der öffentliche Druck nachließ. Amina wusste, dass dieser Wunsch nicht nur taktisch war. Viele Regierungen fürchteten tatsächlich, dass eine zu sichtbare Bewegung den institutionellen Raum destabilisieren könnte. Aber genau darin lag das Paradox der Situation: Ohne diesen Druck hätte es den Prozess nie gegeben. Und mit ihm riskierte er, auseinanderzubrechen. In Manhattan trat Lina ans Fenster und sah auf die Straßen unter ihr. Die Stadt wirkte normal, fast gleichgültig, während in Konferenzräumen, Studios und digitalen Netzwerken eine politische Dynamik lief, die jeden Tag größere Kreise zog. Ihr Telefon vibrierte erneut. Eine neue Nachricht von Noah erschien auf dem Bildschirm. Sie enthielt einen kurzen Clip aus einer internationalen Nachrichtensendung, in der ein Kommentator erklärte, dass Global System Change möglicherweise eine der einflussreichsten, aber auch gefährlichsten politischen Bewegungen der Gegenwart geworden sei, weil sie versuche, globale Legitimität aus öffentlicher Mobilisierung abzuleiten. Lina sah sich den Clip an und legte das Telefon langsam wieder auf den Tisch. „Sie drehen es weiter“, sagte sie. „Natürlich tun sie das“, antwortete David aus dem Lautsprecher. „Das ist ihre einzige Chance.“ Lina wusste, dass er recht hatte. Aber das änderte nichts daran, dass jede neue Eskalation die Lage gefährlicher machte. Wenn die Bewegung zu laut wurde, würde der Machtblock sie als Beweis für seine Warnungen benutzen. Wenn sie zu vorsichtig wurde, könnte sie den Eindruck erzeugen, dass sie selbst nicht mehr an ihre eigenen Forderungen glaubte. Es war eine Balance, die sich mit jeder Stunde verschob. „Wir müssen etwas sagen“, sagte einer der Organisatoren. Lina sah ihn an. „Vielleicht.“ „Vielleicht?“ „Ja“, sagte sie ruhig. „Denn jedes Wort, das ich jetzt sage, wird in fünfzehn Sekunden in zehn Sprachen übersetzt und in fünf verschiedenen Bedeutungen verwendet.“ Niemand widersprach. Sie wusste, dass sie diese Logik nicht nur verstand, sondern inzwischen selbst verkörperte. Seit der Entscheidung aus Band zwei war sie nicht mehr nur eine Stimme innerhalb der Bewegung. Für viele Menschen war sie zu einer Art Symbol geworden, für andere zu einem Ziel. Genau deshalb musste sie vorsichtiger sein als jeder andere. David meldete sich erneut. „Es gibt noch etwas“, sagte er. „Mehrere große Plattformen diskutieren intern über neue Moderationsrichtlinien für politische Inhalte mit globaler Mobilisierung.“ Lina schloss kurz die Augen. „Weil Regierungen Druck machen?“ „Teilweise“, sagte David. „Teilweise, weil sie Angst haben, selbst in den Konflikt hineingezogen zu werden." Lina dachte an die Menschen auf den Plätzen, an die lokalen Gruppen, an die Diskussionen in Cafés und Universitätsräumen, die sie in den letzten Tagen in den Videos gesehen hatte. Diese Menschen glaubten, dass sie Teil einer historischen Öffnung waren. Und vielleicht waren sie das auch. Aber Geschichte war kein moralisches Experiment, das man ohne Konsequenzen durchführen konnte. Sie war eine Kette von Reaktionen, die oft weit über die Absichten ihrer Initiatoren hinausgingen. „Wir müssen ihnen erklären, was gerade passiert", sagte sie schließlich. „Wem?" fragte der Organisator. Lina antwortete nicht sofort. Dann sagte sie leise: „Uns selbst." David sah sie aus dem Bildschirm an. „Was meinst du?" Lina drehte sich wieder zum Fenster. „Ich meine, dass wir aufpassen müssen, dass wir nicht selbst zur Eskalationsmaschine werden." Im Raum wurde es still. „Die Bewegung wächst", fuhr sie fort. „Das ist gut. Aber je größer sie wird, desto stärker verändert sie das Verhalten der anderen. Staaten reagieren. Märkte reagieren. Institutionen reagieren. Und jede dieser Reaktionen erzeugt wieder neue Dynamiken." „Das ist Politik", sagte jemand im Raum. Lina nickte langsam. „Ja. Aber jetzt ist es globale Politik." Sie sah auf die Karte der Proteste und Gegenproteste, auf die Nachrichten aus Ministerien, auf die wachsenden Zahlen der Bewegung. Alles schien gleichzeitig zu wachsen: Hoffnung, Angst, Einfluss, Widerstand. Und plötzlich wurde ihr klar, dass Global System Change nicht mehr nur eine Bewegung war, die auf eine politische Öffnung drängte. Sie war selbst zu einem Faktor geworden, der die Stabilität des Systems beeinflusste. Ihr Telefon vibrierte erneut. Eine neue Nachricht von Amina erschien auf dem Bildschirm. Nur ein kurzer Satz: Wenn ihr jetzt eskaliert, verlieren wir vielleicht den Prozess. Lina las den Satz zweimal. Dann sah sie wieder auf die Karte, auf die blinkenden Markierungen, auf die Welt, die sich gerade neu sortierte. In diesem Moment verstand sie etwas, das sie bisher nur theoretisch gewusst hatte. Jeder weitere Schritt der Bewegung würde nicht nur ihre Gegner unter Druck setzen. Er würde das gesamte System unter Druck setzen. Sie drehte sich wieder zum Raum um.

„Wir müssen vorsichtig sein", sagte sie noch einmal, diesmal langsamer. „Warum?" fragte der Organisator. Lina sah ihn direkt an. „Weil jede weitere Eskalation von uns jetzt globale Folgen haben kann." Niemand sagte etwas. Und genau in diesem Moment erschien auf dem Bildschirm eine neue Eilmeldung aus mehreren Nachrichtenagenturen gleichzeitig: Ein militärisches Manöver in einer geopolitisch sensiblen Region war unerwartet ausgeweitet worden, während mehrere Regierungen erklärten, sie beobachteten die politische Lage mit wachsender Sorge. Lina sah auf die Meldung und spürte, wie sich etwas in ihrem Magen zusammenzog. Die Geschichte hatte begonnen, sich schneller zu bewegen.

Teil II – Eskalation

7. Diplomatische Konflikte verhärten sich

Die ersten diplomatischen Konflikte zeigten sich nicht in offenen Beschimpfungen oder dramatischen Abbrüchen, sondern in jenen subtilen Verschiebungen der Sprache, die erfahrene Diplomaten sofort erkannten und die Außenstehenden oft entgingen, weil sie zu höflich klangen, um als Konflikt zu gelten. In den Fluren des Gebäudes in Genf, in dem mehrere vorbereitende Gespräche zum neuen Reformprozess stattfanden, hatte sich die Atmosphäre innerhalb weniger Tage verändert. Früher hatten Delegationen vorsichtig über Möglichkeiten gesprochen, über institutionelle Innovationen, über Verfahren, die vielleicht eines Tages eine globale demokratische Struktur tragen könnten. Jetzt sprachen sie über Grenzen. Über Mandate. Über Risiken. Über Stabilität. Und jedes dieser Worte war eine Art Verteidigungswall geworden. Amina Hassan saß in einem kleineren Konferenzraum mit drei Delegierten aus Staaten, die in den letzten Monaten eher vorsichtig offen für den neuen Prozess gewesen waren. Sie hatten sich informell getroffen, um zu prüfen, ob es noch Spielraum gab, die wachsende Konfrontation zu entschärfen, bevor sie den offiziellen Sitzungssaal vollständig dominierte. Einer der Delegierten, ein Mann aus einem Land, das traditionell als Vermittler zwischen politischen Blöcken galt, legte seine Hände auf den Tisch und sagte mit ruhiger Stimme: „Das Problem ist nicht mehr nur die Idee. Das Problem ist das Timing." Amina wusste, dass dieser Satz mehr bedeutete, als er auf den ersten Blick sagte. „Was meinen Sie mit Timing?" fragte sie. Der Mann sah kurz zu den beiden anderen, als wolle er prüfen, wie offen er sprechen konnte. „Viele Regierungen haben den Eindruck, dass der Prozess zu schnell politisch aufgeladen wird. Sie fürchten, dass sie die Kontrolle über seine Richtung verlieren." „Oder dass sie sie teilen müssen", sagte Amina. Der Mann lächelte schwach. „Für manche ist das dasselbe." Die zweite Delegierte, eine Juristin aus einem südlichen Staat, der sich bislang nicht klar positioniert hatte, schob ein Dokument über den Tisch. Es war eine neue Entwurfsfassung der Erklärung des Souveränitätsblocks. Die Sprache war noch schärfer als zuvor, auch wenn sie weiterhin in diplomatische Höflichkeit gekleidet war. Darin hieß es, dass jeder strukturelle Wandel der internationalen Ordnung in erster Linie aus verfassten politischen Gemeinschaften hervorgehen müsse und dass transnationale Mobilisierung unter den gegenwärtigen Bedingungen ein Risiko für institutionelle Stabilität darstelle. Amina las die Passage langsam. Sie kannte diese Argumentation inzwischen fast auswendig. Sie wusste auch, dass sie nicht nur taktisch war. Für viele Regierungen war sie eine reale Sorge. Staaten waren historisch darauf gebaut, Entscheidungen innerhalb klar definierter politischer Räume zu treffen. Global System Change stellte genau dieses Prinzip infrage. „Sie glauben wirklich, dass das System zusammenbrechen könnte", sagte sie leise. „Manche glauben das", antwortete die Juristin. „Andere glauben, dass es bereits zusammenbricht." In Brüssel fand zur gleichen Zeit ein Treffen statt, das offiziell als strategischer Austausch über institutionelle Stabilität bezeichnet wurde. In Wirklichkeit war es ein Koordinationsgespräch zwischen mehreren Regierungen, die inzwischen beschlossen hatten, den neuen Reformprozess stärker einzudämmen. Der Staatssekretär, der bereits in den Tagen zuvor eine wichtige Rolle bei der Formulierung der Gegenposition gespielt hatte, stand vor einer Karte der Welt, auf der mehrere Regionen markiert waren. „Die Bewegung wächst weiter", sagte er und deutete auf mehrere Städte, in denen neue Demonstrationen angekündigt waren. „Und mit ihr wächst der politische Druck auf die Institutionen." Ein Berater aus dem Sicherheitsbereich verschränkte die Arme. „Der Druck ist nicht das Problem. Das Problem ist die Wahrnehmung, dass dieser Druck legitim sein könnte." Eine Frau aus einem südeuropäischen Land sah ihn an. „Vielleicht ist er das." Der Berater antwortete sofort. „Vielleicht. Aber wenn wir diese Logik akzeptieren, öffnen wir eine Tür, die wir später nicht mehr schließen können." Im Raum entstand eine kurze Stille. Dann sagte der Staatssekretär: „Deshalb müssen wir den Prozess in eine Form bringen, die kontrollierbar bleibt." In Wien beobachtete Noah Stein diese Entwicklungen aus der Perspektive eines Journalisten, der inzwischen verstanden hatte, dass diplomatische Konflikte selten wie Konflikte aussahen. Sie sahen aus wie vorsichtige Formulierungen, wie Pressekonferenzen ohne offene Aggression, wie Interviews, in denen Politiker immer wieder dasselbe Wort verwendeten, bis es wie eine objektive Wahrheit klang. An diesem Nachmittag sah er eine solche Pressekonferenz auf einem Bildschirm im Redaktionsraum. Ein Außenminister aus einem großen Staat erklärte mit ernster Miene, dass seine Regierung internationale Kooperation unterstütze, aber nicht zulassen könne, dass grundlegende institutionelle Fragen unter dem Druck transnationaler Mobilisierung entschieden würden. „Demokratie", sagte er, „muss aus klar definierten politischen Gemeinschaften entstehen. Andernfalls riskieren wir eine globale Verantwortungsdiffusion." Noah schrieb den Satz in sein Notizbuch. Verantwortungsdiffusion. Es war ein gutes Wort. Es klang nach Verantwortung und Vorsicht zugleich. Genau deshalb würde es sich verbreiten. In Manhattan saß Lina Koran mit mehreren Mitgliedern ihres engeren Teams vor einem Bildschirm, auf dem die neuesten diplomatischen Reaktionen zusammengestellt waren. „Sie werden koordinierter", sagte einer der Analysten. „Vor drei Tagen waren es einzelne Stellungnahmen. Jetzt sind es abgestimmte Linien." Lina sah auf die Liste der Zitate aus verschiedenen Regierungen. Sie klangen unterschiedlich, aber die Struktur war identisch. Stabilität. Mandat. Verantwortung. Gefahr der Überhitzung. „Sie versuchen, die Bewegung in ein Sicherheitsproblem zu verwandeln", sagte David aus dem Lautsprecher. Lina nickte. „Und sie versuchen, den Reformprozess als Risiko darzustellen, statt als Lösung." Der Analyst klickte auf eine neue Meldung. „Es gibt noch etwas." Auf dem Bildschirm erschien eine Nachricht aus einer internationalen Nachrichtenagentur. Mehrere Staaten hätten angekündigt, ihre Teilnahme an den nächsten Gesprächen über den Reformprozess zu überdenken, falls der öffentliche Druck durch Global System Change weiter zunehme. Im Raum wurde es still. Lina las die Meldung zweimal. „Das ist ein Ultimatum", sagte jemand. Lina schüttelte leicht den Kopf. „Nein", sagte sie. „Es ist eine Drohung ohne das Wort Drohung." In Genf saß Amina Hassan wieder in einer Sitzung, diesmal mit einer größeren Gruppe von Delegierten. Die Diskussion war inzwischen offener geworden. Ein Vertreter eines asiatischen Staates erklärte, dass sein Land den Reformdialog grundsätzlich unterstütze, aber nicht akzeptieren könne, dass eine Bewegung außerhalb staatlicher Strukturen eine so zentrale Rolle spiele. Eine Delegierte aus Lateinamerika widersprach und sagte, dass genau diese Bewegung den politischen Raum geöffnet habe, der die Gespräche überhaupt erst möglich gemacht habe. „Vielleicht", sagte der Vertreter ruhig. „Aber wir müssen entscheiden, ob wir Institutionen reformieren oder ob wir sie durch öffentliche Mobilisierung ersetzen." Amina hörte diese Worte und spürte, wie sich die Spannung im Raum verdichtete. Der Konflikt war nicht mehr theoretisch. Er war jetzt Teil jeder diplomatischen Begegnung geworden. Jeder Satz konnte als Angriff oder Verteidigung gelesen werden. Jede Formulierung konnte eine neue Front eröffnen. In Wien verfolgte Noah eine Eilmeldung auf seinem Bildschirm. Ein weiteres Treffen des Souveränitätsblocks war angekündigt worden, diesmal mit zusätzlicher Beteiligung mehrerer Staaten, die sich bisher nicht öffentlich positioniert hatten. „Das wird größer", sagte eine Redakteurin neben ihm. Noah nickte. „Ja", sagte er. „Und gleichzeitig enger." „Was meinst du?" „Dass sich die Welt gerade in zwei Erzählungen aufteilt", antwortete er. „Und jede glaubt, sie verteidigt die Demokratie." In Manhattan sah Lina dieselbe Meldung auf ihrem Bildschirm. Sie lehnte sich langsam im Stuhl zurück und schloss für einen Moment die Augen. Sie wusste, dass der Konflikt unvermeidlich gewesen war. Aber sie hatte gehofft, dass er später kommen würde. Jetzt war er da, schneller und härter als erwartet. Als sie die Augen wieder öffnete, sagte sie leise: „Die diplomatische Phase hat begonnen." David antwortete aus dem Lautsprecher:

„Nein.“ Lina sah zum Bildschirm. „Was meinst du?“ „Ich meine“, sagte David, „dass sie gerade endet.“ In diesem Moment erschien auf mehreren Bildschirmen gleichzeitig eine neue Meldung aus einer internationalen Nachrichtenagentur: Ein hochrangiger Vertreter eines großen Staates hatte soeben erklärt, dass sein Land bereit sei, „alle notwendigen politischen und institutionellen Mittel“ einzusetzen, um eine „Destabilisierung der internationalen Ordnung“ zu verhindern. Lina sah auf die Worte und wusste, dass sie eine neue Grenze markierten. Die diplomatischen Konflikte waren nicht mehr nur Diskussionen. Sie begannen, wie Warnungen zu klingen.

8. Protest- und Gegenprotestwellen

Am dritten Abend nach der Veröffentlichung der ersten koordinierten Erklärungen des Machtblocks hörte die Welt auf, die Auseinandersetzung nur auf Bildschirmen zu betrachten, und begann, sie auf Straßen zu tragen. Zuerst wirkte es in den Nachrichten noch wie eine übliche internationale Verdichtung von Bildern, eine Demonstration in Madrid, eine Kundgebung in Buenos Aires, ein kleinerer Platz in Nairobi, eine Menschenmenge vor einem Verwaltungsgebäude in Toronto, dazwischen die vertrauten Kamerafahrten über Transparente, Megafone, Absperrgitter und Gesichter, die zugleich entschlossen und übermüdet aussahen. Doch im Lauf weniger Stunden verlor die Lage ihre punktuelle Form. Was am Nachmittag noch wie eine Folge einzelner politischer Versammlungen ausgesehen hatte, begann bis zum Abend in Wellen über Zeitzonen hinweg zu laufen, als hätte eine unsichtbare Linie Städte miteinander verbunden, die nie gleichzeitig dieselben Slogans getragen hatten. In Seoul standen Studierende mit selbstgemalten Schildern vor einem Universitätsgelände und diskutierten mit Angestellten, die ihnen sagten, globale Reformen seien ein Luxus für Menschen, die sich keine Sorgen um die nächste Miete machen müssten. In São Paulo zog eine Menge durch feuchte Straßen, auf denen Müllwagen stehen geblieben waren, während an einer Straßenecke Männer in Anzügen aus einem Bürohaus kamen und die Demonstrierenden mit einem Blick ansahen, in dem sich Verachtung und Unsicherheit mischten. In Marseille rief jemand durch ein Megafon, dass Demokratie nicht an Grenzen aufhören könne, und keine dreißig Meter weiter antwortete eine Gruppe mit Trikoloren, dass genau dort Demokratie erst beginne. Es waren keine sauberen Fronten. Es waren übereinandergeschobene Ängste, Hoffnungen, Identitäten, historische Reflexe. Überall, wo GSC sichtbar wurde, bildete sich nun fast gleichzeitig eine Gegenkraft, nicht immer gleich organisiert, nicht immer aus denselben Milieus, aber mit derselben emotionalen Schwerkraft: der Furcht, dass etwas ins Rutschen geraten war, das nie hätte bewegt werden dürfen. In Manhattan verfolgte Lina Koran die Bilder an einer Wand aus Bildschirmen, während im Raum um sie herum niemand mehr so tat, als ließen sich Straße und Prozess sauber voneinander trennen. Eine Mitarbeiterin schaltete nacheinander zwischen Livefeeds aus fünf Städten, dann sieben, dann elf. Manche Kundgebungen sahen aus wie die Fortsetzung jener GSC-Treffen, die in Band eins und zwei noch improvisiert, halb lokal, halb global gewesen waren, mit Menschen, die nicht wie Berufspolitiker wirkten, sondern wie Lehrerinnen, Krankenpfleger, Studierende, Fahrer, Techniker, ältere Frauen mit ernsten Gesichtern und junge Männer, die zu laut sprachen, weil sie ihre eigene Nervosität übertönen mussten. Andere Bilder wirkten härter. Gegenproteste mit professionell gedruckten Bannern, auf denen stand Keine Welt ohne Mandat, Souveränität schützt Frieden, Stoppt die ungewählte Ordnung. Lina sah auf die Geschwindigkeit, mit der sich zwei Öffentlichkeiten gegenseitig materialisierten, und spürte jene kalte Form von Erschöpfung, die sich nicht im Körper, sondern im Denken einnistet. „Wie viele Städte?“ fragte sie. „Mit verifizierbaren größeren Aktionen? Dreiundvierzig“, sagte der Analyst am Ende des Tisches. „Mit kleineren Versammlungen, Mahnwachen, Gegendemos und spontanen Treffpunkten deutlich mehr.“ „Und Zusammenstöße?“ „Noch begrenzt. Schubsen, Flaschenwürfe, einzelne Festnahmen, in zwei Städten leichte Verletzte. Nichts, das schon nach Kontrollverlust aussieht.“ Lina nickte nicht. Sie wusste inzwischen, dass in politischen Krisen der Moment vor dem Kontrollverlust oft der gefährlichste war, weil alle Beteiligten noch glaubten, sie könnten die Richtung steuern. Auf einem Bildschirm sah sie eine junge Frau in Bogotá, die in eine Handykamera sagte, sie sei nicht gekommen, um eine Revolution zu machen, sondern weil ihr niemand mehr erklären könne, warum globale Krisen von nationalen Systemen verwaltet würden, die sich gegenseitig blockierten. Im nächsten Fenster sah sie einen Mann in Budapest, vielleicht Mitte fünfzig, sauber gekleidet, mit einem Schild, auf dem stand Kein globaler Druck auf unsere Demokratie, und etwas in seinem Gesicht verriet, dass er kein Zyniker war. Er glaubte wirklich, etwas zu verteidigen. Genau das machte es so schlimm. In Brooklyn saß David Reyes vor einer Überlagerung aus Karten, Aktivitätsgrafen und Warnmeldungen, die inzwischen so dicht geworden waren, dass jede freie Fläche auf dem Bildschirm wie eine vergessene Zone wirkte. „Die Straße ist jetzt ein Systemereignis", sagte Leila, die hinter ihm stand und ein Tablet mit Meldungen aus regionalen Gruppen in der Hand hielt. „Das war sie vorher auch", sagte David. „Nicht so." Sie hatte recht. Vorher war GSC auf die Straße gegangen, um sichtbar zu werden. Jetzt ging die Welt auf die Straße, um auf GSC zu reagieren. Das war etwas anderes. Ein zweites Monitoringfenster zeigte ihm, wie dieselben Bilder in unterschiedlichen Medienökologien anders gerahmt wurden. Auf progressiven Kanälen erschienen Demonstrationen als Aufbruch, als transnationale Reife, als letzte Form zivilen Drucks in einer blockierten Welt. Auf konservativen und staatsnahen Kanälen wurden fast dieselben Bilder mit anderer Bauchbinde versehen: Straßenmob vor institutioneller Erpressung, Gefahr der Überhitzung, unklare Finanzierung, eskalierende Aktivisten. „Haben wir lokale Moderationsprobleme?" fragte er. Leila atmete durch. „Nicht nur lokal. Wir haben emotionale Geschwindigkeit. Gruppen vor Ort sehen die Gegenproteste, lesen die Schlagzeilen, hören, dass Regierungen ihre Teilnahme am Prozess überdenken, und wollen jetzt Haltung zeigen. Einige schreiben schon, sie müssten die Plätze halten, koste es was es wolle." David schloss kurz die Augen. Genau da lag die nächste Falle. Wenn GSC jetzt anfing, seine Straße wie Besitz zu behandeln, würde der Machtblock binnen Stunden sagen können, die Bewegung teste bereits parallele Souveränität. Wenn sie sich zurückzog, würde es aussehen, als sei die Energie gebrochen. „Gib allen regionalen Knoten dieselbe Anweisung", sagte er. „Keine Besitzsprache. Keine historischen Unvermeidlichkeiten. Keine Aufrufe, Plätze um jeden Preis zu halten. Schutz, Deeskalation, dokumentieren, nicht performen." Leila sah ihn an. „Sie werden sagen, wir kühlen sie runter." „Dann kühlen wir sie runter", sagte David. „Lieber kühle Wut als heiße Legende." In Wien verfolgte Noah Stein die

Protestwellen auf einem Monitorband, das sich über die ganze Rückwand des Redaktionsraums zog. Ein Produzent rief Zahlen, jemand anders verlangte Kontext zu den Gegenprotesten, eine Redakteurin versuchte parallel herauszufinden, ob das Bild aus Toronto, auf dem ein Mann einen Absperrzaun trat, drei Minuten vor oder zwanzig Minuten nach dem Steinwurf aufgenommen worden war, den gerade ein anderer Sender in Endlosschleife zeigte. Noah blieb vor einem Standbild aus Warschau stehen. Auf der linken Hälfte des Bildes junge Menschen mit Transparenten, auf denen stand Die Welt ist zu klein für alte Mauern, auf der rechten Seite eine kompaktere Menge mit Nationalflaggen und sauber gedruckten Bannern. Dazwischen Polizei, Schilde, Helme, jene stumme Geometrie des Staates, die immer dann zwischen Menschen tritt, wenn Politik sich nicht mehr als Meinung, sondern als Gefahr organisiert. „Sieh dir die Kameraführung an", sagte Noah zu der Redakteurin neben ihm. „Welche?" „Fast alle Hauptsender wählen dieselbe Logik. Erst die Menge, dann die Gegenmenge, dann die Polizei. Das erzeugt sofort das Gefühl von drohendem Kontrollverlust, auch wenn noch nichts passiert ist." Die Redakteurin blickte kurz hoch. „Weil das die Wahrheit der Situation ist." Noah schüttelte den Kopf. „Weil das die marktfähigste Wahrheit der Situation ist." Sein Telefon vibrierte. Eine Nachricht von Lina, nur vier Worte: Wie schlimm wirkt es? Er sah wieder auf die Monitore. In Buenos Aires sangen Menschen unter Regenplanen, in Prag schob die Polizei zwei Gruppen auseinander, in Lagos filmte ein junger Mann sein eigenes Gesicht, während hinter ihm Rufe und Sirenen ineinanderfielen. Noah tippte zurück: Noch nicht katastrophisch. Aber narrativ perfekt für sie. Er steckte das Telefon weg und wusste schon im nächsten Moment, dass diese Antwort zu knapp gewesen war. Für sie. Damit meinte er nicht nur den Machtblock. Er meinte alle, die jetzt von Bildern leben würden, die schneller liefen als Wirklichkeit. In Genf trat Amina Hassan zwischen zwei Treffen in einen Seitenraum, in dem ein Fernseher ohne Ton lief, und sah auf die gleichen Straßen, die nun überall den institutionellen Tag infiltrierten. Die jüngere Mitarbeiterin, die mit ihr den neuen

Entwurf zur Einhegung des Prozesses analysiert hatte, hielt ein Telefon ans Ohr und schrieb gleichzeitig mit. Als sie auflegte, sagte sie: „Drei Delegationen haben informell signalisiert, dass sie öffentliche Massenmobilisierung in dieser Lage als zusätzlichen Beweis für die Notwendigkeit von Verfahrensbremsen sehen." Amina wandte den Blick nicht vom Bildschirm ab. In einer Stadt, die gerade nicht eingeblendet war, standen wahrscheinlich wieder Menschen auf einem Platz und glaubten, sie würden dem Prozess helfen. Vielleicht taten sie das. Vielleicht drückten sie nur sichtbarer auf jene Stelle, an der die institutionelle Angst bereits wund war. „Und andere Delegationen?" fragte sie. „Sagen, genau diese Mobilisierung zeige, dass der Prozess reale gesellschaftliche Relevanz hat und nicht mehr nur Elitensprache ist." Amina nickte langsam. Das war die schreckliche Symmetrie dieses Moments. Dieselben Bilder dienten zwei gegensätzlichen Theorien von Legitimität. Entweder waren sie Ausdruck demokratischer Weltreife, oder sie waren das visuelle Argument dafür, dass eine Bewegung begann, Verhandlungen auf der Straße vorzudefinieren. In beiden Fällen wurde der Prozess schwerer. Ihr Telefon vibrierte. Eine Nachricht von einer vertraulichen Kontaktperson aus einer mittelgroßen Mission: Die Gegenproteste helfen ihnen. Mehrere Hauptstädte lesen das als Beweis, dass GSC keine globale Öffentlichkeit, sondern globale Spaltung produziert. Amina las den Satz, dann hob sie den Blick zum Fernseher, auf dem gerade ein Mann in Rom mit angespannter Stimme einem Reporter sagte, er habe nichts gegen Zusammenarbeit zwischen Ländern, aber er werde nicht zulassen, dass irgendeine Bewegung im Namen der Welt spreche. Das Wort Welt sprach er aus, als sei es bereits eine politische Anmaßung. In einem Regierungsgebäude in einer europäischen Hauptstadt stand der Staatssekretär, der die frühen Koordinationslinien des Machtblocks mitformuliert hatte, vor einem Fenster und ließ sich von seiner Kommunikationschefin die ersten Lagebilder zusammenfassen. „Die Gegenproteste sind stärker, wo wir es erwartet haben", sagte sie. „Aber auch dort, wo wir keinen schnellen Anschluss vermutet hatten."

„Gut", sagte er, ohne Freude. „Nicht gut", korrigierte sie. „Nützlich." Er drehte sich zu ihr um. Auf dem Tisch zwischen ihnen lag eine Übersicht, in der die Bilder der Demonstrationen nach politischer Verwertbarkeit sortiert waren. Nicht offiziell natürlich. Aber präzise genug. Szenen mit Polizei und erhobenen Händen. Szenen mit aggressiver Sprache. Szenen mit Kindern oder Familien auf der Gegenprotestseite. Szenen mit improvisierten GSC-Schildern, die chaotisch wirkten. Szenen, in denen Professionalisierung der Gegenseite Seriosität signalisierte. „Wir dürfen nicht so aussehen, als würden wir Proteste instrumentalisieren", sagte die Kommunikationschefin. „Tun wir auch nicht", sagte der Staatssekretär. „Wir lesen sie." „Und wenn die Bilder kippen? Wenn GSC friedlicher, breiter, normaler wirkt als unsere Unterstützer?" Er schwieg einen Moment. „Dann argumentieren wir noch stärker mit Verantwortung. Je normaler die Bewegung aussieht, desto wichtiger ist der Hinweis, dass Normalität kein Mandat ersetzt." In Toronto stand eine Sozialarbeiterin namens Mara in einer dicken Jacke am Rand einer Kundgebung, die größer geworden war, als sie erwartet hatte. Sie war über eine lokale GSC-Gruppe hierhergekommen, hatte in Band zwei die Streams verfolgt, hatte die Gespräche geliebt, weil sie zum ersten Mal das Gefühl gehabt hatte, dass jemand die Größe der Probleme ernst nahm, ohne sofort in Zynismus oder Werbung zu kippen. Nun stand sie zwischen Menschen, die Gleichheit der politischen Reichweite forderten, und anderen, die auf der gegenüberliegenden Straßenseite riefen, ihre Demokratie sei kein Testfeld für globale Träumer. Ein älterer Mann neben ihr hielt ein Schild mit der Aufschrift Keine ungewählten Weltenbauer. Er sah nicht aus wie ein Reaktionär. Er sah aus wie jemand, der jahrzehntelang geglaubt hatte, Politik müsse von unten nach oben funktionieren, und nun befürchtete, dass alles plötzlich von oben nach überall greifen wollte. Mara spürte, wie schwer es war, in diesem Moment auf die falsche Seite zu zeigen. Auf keiner Seite standen nur Falsche. Genau deshalb wurde die Luft so schneidend, als auf einmal ein Gedränge entstand, zuerst klein, dann lauter, dann mit jener schockartigen

Beschleunigung, bei der eine Menschenmenge nicht mehr von Absicht, sondern von Nervensystemen bewegt wird. Jemand stieß, jemand schrie, eine Barrikade aus Metall verrutschte, Polizei lief an, und für wenige Sekunden war nicht mehr erkennbar, ob sich hier Geschichte oder nur Adrenalin entlud. Mehrere Telefone filmten gleichzeitig, und noch bevor die Lage wieder halbwegs unter Kontrolle war, wusste jeder, der lange genug in solchen Zeiten gearbeitet hatte, dass nicht das Geschehen selbst nun entscheidend werden würde, sondern welche fünf Sekunden daraus zuerst um die Welt gingen. In Manhattan sah Lina genau diese fünf Sekunden dreißig Minuten später auf einem internationalen Nachrichtensender. Der Clip war sauber geschnitten. Man sah die Bewegung nach vorn, den Schrei, den fallenden Absperrzaun, eine Polizistin, die den Arm hob, das hektische Schwenken der Kamera, dann einen eingefrorenen Moment von Chaos, lang genug, um das Gefühl von Übergriff in die Köpfe zu setzen. „Wie schlimm war es wirklich?“ fragte Lina, ohne den Blick vom Bildschirm zu nehmen. Der Analyst im Raum sah auf seine Zusammenstellung. „Kurz. Zwei Verletzte, keine lebensgefährlich, mehrere Festnahmen. Ursache unklar, beide Seiten geben sich gegenseitig die Schuld.“ Lina nickte kaum. Ursache unklar. Wirkung glasklar. „Und wo läuft das schon?“ „Fast überall.“ David meldete sich aus dem Lautsprecher. „Der Clip wird in mehreren Versionen verbreitet. Einmal als Beleg für eskalierende GSC-Straßendynamik, einmal als Beleg für provozierte Gegenmobilisierung durch den Machtblock, einmal als allgemeines Zeichen globaler Überhitzung.“ Lina trat näher an den Bildschirm heran. „Die Leute dort wollten wahrscheinlich einfach nur da sein“, sagte sie. „Jetzt sind sie Material.“ Niemand im Raum antwortete. Sie dachte an all die lokalen Gruppen, an die Menschen, die aus Hoffnung gekommen waren und nun in einer globalen Erzählung landeten, die sie weder kontrollieren noch ganz verstehen konnten. Politik war immer auch das gewesen. Aber selten so schnell, selten so international, selten so gnadenlos übersetzbar. „Wir müssen eine Linie rausgeben“, sagte jemand. Lina drehte sich um. „Keine moralische Heldenprosa.

Kein Leidenspathos. Kein Triumph. Wir verurteilen Gewalt, wir fordern Deeskalation, wir bestehen auf dem Recht auf friedliche Versammlung, und wir sagen deutlich, dass politische Öffnung nicht gegen gesellschaftliche Ruhe ausgespielt werden darf." „Das klingt defensiv", sagte der jüngere Organisator. Lina sah ihn an, lange genug, dass er den Blick zuerst senkte. „Das klingt erwachsen", sagte sie. In Wien saß Noah wenige Minuten später bereits für eine Liveschalte auf dem Stuhl, als die ersten Agenturfassungen die Toronto-Szene in feste Sprache pressten. Eskalation bei globalen Reformprotesten. Wachsende Spannungen zwischen Aktivisten und Gegendemonstranten. Sorge vor weiterer Radikalisierung. Er las die Zeilen und spürte, wie sich der entscheidende Kampf erneut an dieselbe unsichtbare Front verlagerte. Nicht ob etwas passiert war. Sondern ob es als Beginn einer Welle oder als Beweis einer bereits vorhandenen Theorie erzählt würde. Als die Kamera anging, sagte er mit einer Ruhe, die nur knapp gegen Zorn abdichtete, dass weltweite Protest- und Gegenprotestwellen in hoch aufgeladenen politischen Übergangsphasen nicht automatisch den Beweis für Radikalisierung darstellten, sondern oft zuerst den Beweis dafür, dass eine Frage aus dem institutionellen Rand in die gesellschaftliche Mitte gerutscht sei. Dann fügte er hinzu, dass genau darin auch die Gefahr liege, weil jede Seite nun Material finde, um ihre tiefste Angst bestätigt zu sehen. Im Kontrollraum schüttelte der Produzent später leicht den Kopf und sagte, das sei zu komplex für die ersten zwei Minuten gewesen. Noah antwortete nicht. Er dachte an Lina, an Amina, an David, und an die Menschen auf den Straßen, die einander nicht kannten und nun doch an derselben historischen Verdichtung teilnahmen. In Genf verlas zur gleichen Zeit ein Vertreter eines größeren Staates in einer internen Sitzung eine Bemerkung, die in ihrer Nüchternheit fast freundlicher klang, als sie war: Angesichts jüngster gesellschaftlicher Spannungen sei es umso dringlicher, institutionelle Prozesse vor externer Überhitzung zu schützen. Amina hörte den Satz und wusste, dass Toronto bereits im Raum war, noch bevor der Name der Stadt fiel. Protest war jetzt nicht mehr nur Ausdruck. Er war Munition. Und während sie noch darüber nachdachte, vibrierte ihr Telefon mit einer neuen, als vertraulich markierten Nachricht aus New York. Mehrere Missionen erwägen, das nächste vorbereitende Treffen zu verschieben, bis sich die Lage auf der Straße beruhigt. Amina starrte auf den Satz, dann auf den stummen Fernseher an der Wand, auf dem ein Platz in Buenos Aires eingeblendet war, übervoll, laut, lebendig, bedrohlich nur je nach Erzählung. In diesem Moment begriff sie, dass die Wellen auf der Straße sich nicht mehr parallel zum Prozess bewegten. Sie schlugen bereits in ihn hinein. Und fast im selben Augenblick kam im Manhattaner Arbeitsraum eine zweite Meldung herein, dieses Mal mit roter Prioritätsmarkierung, kurz, trocken und dadurch umso schwerer: Für heute Nacht werden in zwölf weiteren Hauptstädten Gegenmobilisierungen angekündigt, darunter mehrere vor diplomatischen Vertretungen und internationalen Institutionen. Lina las die Zeile, und bevor irgendjemand im Raum etwas sagen konnte, sprang auf dem größten Bildschirm eine Liveaufnahme aus Genf auf, in der sich vor den Absperrungen des Gebäudes bereits Menschen sammelten.

9. Märkte kippen in Unsicherheit

Die Märkte reagierten nicht mit einem Knall, sondern mit jener schleichenden Verschiebung der Nervosität, die nur Menschen bemerkten, die jeden Tag mit Zahlen arbeiteten, die schneller atmeten als Nachrichten. Am frühen Morgen in London saßen Händler bereits vor ihren Bildschirmen, während Asien noch auslief und Europa gerade begann, und auf mehreren Monitoren liefen dieselben Schlagzeilen wie in den Nachrichtenredaktionen, nur ohne moralische Einordnung: Proteste in mehreren Metropolen, diplomatische Spannungen, Gegenmobilisierung, institutionelle Unsicherheit. Für Außenstehende sahen die Charts zunächst normal aus, kleine Bewegungen, wie sie jeden Tag vorkamen, doch in den internen Chats der großen Fonds tauchten Begriffe auf, die sonst erst nach Wochen politischer Eskalation verwendet wurden. Politisches Übergangsrisiko. Koordinierte Narrativinstabilität. Regulatorische Unsicherheit. Ein Analyst in Frankfurt schrieb in einer internen Notiz, dass die globale politische Architektur möglicherweise in eine Phase struktureller Neuverhandlung eingetreten sei, und selbst wenn dieser Prozess rational verlaufe, müsse der Markt damit rechnen, dass kurzfristig kein klarer Referenzrahmen mehr existiere. Genau dieser Satz begann sich in Minuten zu verbreiten. In New York öffnete der Markt mit einer Nervosität, die zunächst nur in einzelnen Sektoren sichtbar war. Internationale Infrastrukturwerte rutschten leicht ab, während Unternehmen mit stark national gebundenen Geschäftsmodellen plötzlich als sicherer wahrgenommen wurden, als hätte ein unsichtbarer Reflex die Logik des Kapitals auf vertraute Territorien zurückgezogen. Gleichzeitig stiegen Absicherungsinstrumente, als würden Händler versuchen, sich gegen eine Zukunft zu schützen, die noch niemand definieren konnte. In einem Büro in Midtown stand ein Manager eines großen Investmentfonds vor einer Glaswand und beobachtete, wie die ersten Kurven sich in Richtungen bewegten, die nicht mehr nur ökonomisch erklärbar waren.

„Das ist kein klassischer politischer Schock“, sagte er zu seiner Kollegin. „Das ist ein Systemgerücht.“ Sie sah auf den Bildschirm. „Was meinst du damit?“ „Dass niemand weiß, ob die Regeln, nach denen wir Risiken berechnen, noch stabil bleiben.“ Die Kollegin nickte langsam. In den letzten Tagen hatten mehrere Regierungsvertreter erklärt, dass sie notfalls institutionelle Mittel einsetzen würden, um eine Destabilisierung der internationalen Ordnung zu verhindern. Gleichzeitig wuchs die Bewegung Global System Change weiter, und selbst wenn ihre Forderungen langfristig stabilisierend wirken könnten, bedeutete allein die Möglichkeit einer strukturellen Neuordnung, dass Investoren kurzfristig nicht mehr sicher waren, welche politischen Räume in Zukunft entscheidend sein würden. In Tokio beobachtete ein Analyst, der seit zwanzig Jahren internationale Krisen modellierte, die parallelen Bewegungen mit wachsender Skepsis. „Das Problem ist nicht die Bewegung selbst“, sagte er in einem internen Briefing. „Das Problem ist die Ungewissheit darüber, wie Staaten auf sie reagieren.“ Er klickte auf eine Simulation, die verschiedene Szenarien berechnete. In einigen davon beruhigte sich die Lage, sobald klar wurde, dass der institutionelle Prozess kontrolliert verlief. In anderen Szenarien führten politische Gegenreaktionen zu wirtschaftlicher Fragmentierung, neuen Handelslinien und regulatorischen Unsicherheiten. „Der Markt hasst nicht Veränderung“, sagte er schließlich. „Er hasst Mehrdeutigkeit.“ In Manhattan sah Lina Koran zum ersten Mal bewusst auf die ökonomischen Daten, als David eine neue Übersicht auf den großen Bildschirm im Arbeitsraum legte. „Das verbreitet sich“, sagte er ruhig. Auf der Grafik waren mehrere Kurven zu sehen, die zunächst nur leicht auseinanderliefen, dann aber plötzlich stärker reagierten, als hätten Händler auf der ganzen Welt gleichzeitig begriffen, dass die politische Krise nicht nur symbolisch war. „Sind wir der Auslöser?“ fragte einer der Organisatoren vorsichtig. David schüttelte den Kopf. „Nicht allein. Aber wir sind Teil des Signals.“ Lina betrachtete die Zahlen lange. Sie hatte sich in den letzten Monaten daran gewöhnt, dass GSC politische Räume bewegte, Mediennarrative verschob und institutionelle Gespräche beeinflusste. Aber die Märkte waren etwas anderes. Märkte waren ein kollektives Nervensystem aus Erwartungen, Ängsten und Kalkulationen. Wenn sie zu zittern begannen, bedeutete das, dass Menschen mit enormen Ressourcen plötzlich nicht mehr sicher waren, welche Zukunft plausibel war. „Wie schlimm?" fragte sie schließlich. David zoomte in einen Bereich der Grafik. „Noch kontrolliert. Aber wir sehen klare Absicherungsbewegungen und erste Kapitalverschiebungen." Lina lehnte sich zurück. „Weil sie glauben, dass wir das System destabilisieren?" „Weil sie glauben, dass das System destabilisiert werden könnte", sagte David. In Wien saß Noah Stein in einem kleinen Studio, während ein Produzent ihm gerade die neuesten Marktdaten auf ein Tablet schob. „Die Wirtschaftsgeschichte liebt solche Momente", sagte der Produzent halb ironisch. „Politik eskaliert, Märkte reagieren, und alle behaupten später, sie hätten es kommen sehen." Noah sah auf die Zahlen. Für ein Publikum, das mit Wirtschaftsdaten nicht täglich arbeitete, wirkten die Veränderungen noch moderat. Aber er wusste, wie schnell solche Bewegungen zu einem politischen Argument werden konnten. Wenn Regierungen zeigen wollten, dass eine Bewegung gefährlich war, brauchten sie keine großen Katastrophen. Es reichte, auf Unsicherheit zu zeigen. „Was sagen die Analysten?" fragte er. „Dass der Markt gerade versucht herauszufinden, ob die internationale Ordnung stabil bleibt", antwortete der Produzent. Noah lächelte kurz. „Das versucht er seit hundert Jahren." In Brüssel saß der Staatssekretär aus dem Koordinationskreis des Machtblocks in einem kleineren Besprechungsraum mit zwei Wirtschaftsberatern. Auf dem Tisch lagen Ausdrucke von Marktanalysen, die sich erstaunlich schnell mit den politischen Argumenten überschnitten, die seine Gruppe bereits formuliert hatte. Einer der Berater deutete auf eine Passage. „Mehrere große Fonds sehen das Risiko institutioneller Überdehnung", sagte er. „Sie glauben, dass politische Systeme gerade schneller reagieren müssen, als ihre Verfahren es erlauben." Der Staatssekretär nahm das Papier in die Hand. „Das hilft unserer Argumentation", sagte er ruhig. Der zweite Berater sah ihn an. „Oder sie verstärkt sie.“ Der Staatssekretär legte das Dokument wieder auf den Tisch. „Beides.“ In Genf saß Amina Hassan in einem Büro mit Blick auf einen grauen Himmel, während sie eine Zusammenfassung internationaler Marktreaktionen las. Sie war keine Ökonomin, aber sie verstand genug von politischer Psychologie, um zu wissen, was solche Berichte auslösen konnten. Wenn Märkte unsicher wurden, begannen Regierungen oft, ihre Positionen zu verhärten, weil wirtschaftliche Instabilität innenpolitisch schwer zu erklären war. Und wenn Regierungen sich verhärteten, verstärkte sich wiederum die Unsicherheit. Es war ein Kreislauf, der selten bewusst geplant wurde, aber immer wieder entstand. Ihr Telefon vibrierte mit einer neuen Nachricht aus einer Delegation, die bisher eher vorsichtig offen für Reformen gewesen war. Die Botschaft war kurz und höflich formuliert, aber ihre Bedeutung war klar: Angesichts wachsender wirtschaftlicher Unsicherheit müsse man prüfen, ob der Reformprozess zeitlich angepasst werden sollte. Amina legte das Telefon langsam auf den Tisch. Sie wusste, was dieser Satz bedeutete. Wenn Märkte zu einem politischen Argument wurden, konnte jede Reform plötzlich als Risiko erscheinen, egal wie notwendig sie langfristig war. In Manhattan ging Lina wieder zum Fenster, während hinter ihr mehrere Bildschirme weiterhin Zahlen und Nachrichten mischten. Auf einem Kanal erklärte ein Wirtschaftskommentator gerade, dass politische Bewegungen selten direkte Marktschocks verursachten, aber in Zeiten institutioneller Unsicherheit als Katalysatoren wirken könnten. Auf einem anderen Kanal argumentierte ein Regierungsberater, dass genau diese Unsicherheit zeige, wie gefährlich es sei, globale politische Strukturen unter öffentlichem Druck zu verändern. Lina hörte nur halb zu. Sie dachte an die Menschen auf den Straßen, an die Gespräche in Universitäten, an die Diskussionen über eine demokratischere Weltordnung, die in den letzten Jahren wie ein fernes Ideal geklungen hatten. Jetzt sah sie, wie diese Ideen plötzlich durch Börsenkurse, Risikoaufschläge und Wirtschaftskommentare liefen, als wären sie Teil eines gigantischen

Gleichungssystems, das niemand vollständig verstand. David unterbrach ihre Gedanken. „Es gibt noch etwas.“ Lina drehte sich um. „Was?“ David klickte auf eine neue Meldung. „Mehrere große Unternehmen bereiten interne Szenarien vor, falls die politische Lage weiter eskaliert.“ Lina sah auf die Liste der Namen. Einige davon waren größer als viele Staaten. „Weil sie glauben, dass sich das System verändert?“ fragte sie. David sah sie ernst an. „Weil sie glauben, dass es sich gerade entscheiden könnte.“ Im selben Moment erschien auf mehreren Bildschirmen eine neue Eilmeldung: Eine internationale Ratingagentur hatte erklärt, dass politische Unsicherheit im Zusammenhang mit globalen Reformdebatten inzwischen ein messbarer Risikofaktor für mehrere Regionen geworden sei. Lina sah auf den Satz und spürte, wie sich die Atmosphäre im Raum erneut veränderte. Der Konflikt hatte eine neue Bühne betreten. Und diesmal konnte niemand behaupten, er sei nur politisch.

10. Staaten nutzen wirtschaftliche Angst politisch

Die politische Reaktion auf die nervösen Märkte begann schneller, als selbst viele erfahrene Beobachter erwartet hatten, weil wirtschaftliche Angst für Regierungen ein Instrument war, das gleichzeitig defensiv und offensiv eingesetzt werden konnte, ohne offiziell als Angriff zu erscheinen. In mehreren Hauptstädten liefen an diesem Morgen interne Briefings, in denen wirtschaftliche Daten nicht mehr nur als wirtschaftliche Daten behandelt wurden, sondern als narrative Bausteine einer politischen Argumentation, die sich in den nächsten Stunden öffentlich entfalten sollte. In Brüssel saß der Staatssekretär, der bereits in den vergangenen Tagen eine Schlüsselrolle in der Koordination des Souveränitätsblocks gespielt hatte, mit einem kleinen Kreis von Beratern in einem Besprechungsraum, dessen Fenster auf einen grauen Himmel blickten, der perfekt zur Stimmung der Präsentation passte. Eine Ökonomin zeigte eine Folie mit den neuesten Marktbewegungen und sprach ruhig, fast akademisch, über Risikoprämien, Kapitalverschiebungen und kurzfristige Volatilität. Niemand im Raum glaubte, dass diese Zahlen allein eine Krise darstellten, doch sie wussten alle, dass sie eine Geschichte erzählten, wenn man sie richtig rahmte. „Das Entscheidende ist nicht die Höhe der Bewegung“, sagte der Staatssekretär schließlich und legte den Stift auf den Tisch. „Das Entscheidende ist, was sie symbolisiert.“ Einer der jüngeren Berater nickte vorsichtig. „Unsicherheit über die internationale Ordnung.“ „Genau“, sagte der Staatssekretär. „Und genau diese Unsicherheit müssen wir politisch sichtbar machen.“ In Washington bereitete ein Kommunikationsstab parallel eine Pressekonferenz vor, bei der mehrere wirtschaftliche Indikatoren erwähnt werden sollten, ohne dass der Eindruck entstand, man manipuliere die Lage. Ein Sprecher las eine Formulierung laut vor, während zwei Berater über einzelne Wörter diskutierten. „Wir sagen nicht, dass die Bewegung die Märkte destabilisiert“, sagte einer. „Wir sagen, dass politische Experimente in einer fragilen wirtschaftlichen Lage zusätzliche Risiken erzeugen.“ Der Sprecher wiederholte den Satz langsam. „Politische Experimente." Er lächelte kurz. „Das wird hängen bleiben." In Tokio hielt zur gleichen Zeit ein Finanzminister eine interne Sitzung mit Zentralbankvertretern und Regierungsberatern ab. Niemand sprach offen darüber, dass die politische Debatte um Global System Change inzwischen in wirtschaftliche Modelle eingespeist wurde, aber die Diagramme auf dem Tisch zeigten genau das. Mehrere Szenarien verbanden institutionelle Unsicherheit mit Handelsrisiken und Investitionszurückhaltung. Der Minister betrachtete die Projektionen lange. „Wir müssen Stabilität signalisieren", sagte er schließlich. „Und wir müssen deutlich machen, dass Stabilität nicht durch unklare globale Strukturveränderungen gefährdet werden darf." Niemand widersprach. In Wien beobachtete Noah Stein diese Entwicklungen aus einem Redaktionsraum, der inzwischen fast ununterbrochen von neuen Statements überflutet wurde. Er sah sich eine Pressekonferenz aus Europa an, in der ein Regierungsvertreter mit ernster Stimme erklärte, dass wirtschaftliche Stabilität eine Voraussetzung für jede demokratische Entwicklung sei und dass es deshalb gefährlich sei, globale politische Veränderungen unter emotionalem Druck zu beschleunigen. Der Satz war perfekt konstruiert. Er klang wie eine Mahnung zur Vernunft, während er gleichzeitig eine klare politische Linie zog. Noah schrieb ihn in sein Notizbuch. Wirtschaftliche Stabilität als Voraussetzung. Es war ein Argument, das fast immer funktionierte, weil es moralisch neutral wirkte und gleichzeitig jede Form von Veränderungsdruck delegitimieren konnte. „Sie drehen die wirtschaftliche Angst in ein politisches Schutzschild", sagte eine Kollegin neben ihm. Noah nickte langsam. „Und gleichzeitig in eine Waffe." In Manhattan saß Lina Koran vor einer neuen Sammlung internationaler Statements, die David gerade auf die Bildschirme geladen hatte. Die Liste wurde länger, während sie sprachlos darauf blickte. Regierungsvertreter aus verschiedenen Regionen hatten innerhalb weniger Stunden begonnen, wirtschaftliche Unsicherheit in ihren öffentlichen Erklärungen zu erwähnen. Einige taten es vorsichtig, andere direkter, doch die Struktur war überall ähnlich.

Märkte reagierten sensibel auf politische Experimente. Wirtschaftliche Stabilität müsse geschützt werden. Reformprozesse dürften nicht unter Druck stattfinden. „Sie synchronisieren sich", sagte David aus dem Lautsprecher. Lina hob den Blick. „Oder sie lesen dieselben Daten und ziehen dieselbe Schlussfolgerung." David zuckte leicht mit den Schultern. „Politisch läuft das auf dasselbe hinaus." Einer der Organisatoren im Raum blätterte durch mehrere Nachrichtenartikel auf seinem Tablet. „Die Kommentare werden härter", sagte er. „Einige Wirtschaftskolumnisten schreiben bereits, dass GSC ein Systemrisiko sein könnte." Lina sah ihn an. „Systemrisiko?" „Ihre Worte, nicht meine." Lina stand langsam auf und ging ein paar Schritte durch den Raum. Sie wusste, dass dieser Moment unvermeidlich gewesen war. Sobald wirtschaftliche Narrative in politische Konflikte eintraten, veränderte sich die Sprache der Debatte. Es ging nicht mehr nur um Ideen oder institutionelle Möglichkeiten, sondern um Stabilität, Vertrauen und Risiko. Diese Begriffe hatten eine andere emotionale Wirkung auf Menschen, weil sie direkt mit Alltag und Sicherheit verbunden waren. „Das wird die öffentliche Wahrnehmung verschieben", sagte sie schließlich. „Viele Menschen reagieren stärker auf wirtschaftliche Angst als auf politische Visionen." David nickte aus dem Bildschirm. „Und Staaten wissen das." In Genf saß Amina Hassan in einem kleineren Büro, während sie die neuesten diplomatischen Reaktionen analysierte. Mehrere Delegationen hatten inzwischen in internen Gesprächen angedeutet, dass wirtschaftliche Unsicherheit ein zusätzlicher Grund sei, den Reformprozess zu verlangsamen. Offiziell wurde diese Position als verantwortungsvolle Vorsicht dargestellt, doch Amina spürte die strategische Logik dahinter. Wenn wirtschaftliche Stabilität als höchstes Gut definiert wurde, konnte jede tiefgreifende institutionelle Veränderung als potenzielles Risiko erscheinen, selbst wenn sie langfristig stabilisierend wirken könnte. Ihr Telefon vibrierte erneut mit einer Nachricht aus einer vertraulichen Quelle in einer europäischen Mission. Die Botschaft war knapp formuliert, aber eindeutig: Mehrere Staaten bereiten eine gemeinsame Erklärung vor, die wirtschaftliche Stabilität als zentrales Argument gegen eine Beschleunigung des Reformprozesses verwendet. Amina legte das Telefon langsam auf den Tisch. Sie wusste, dass dieser Schritt politisch geschickt war. Er verschob die Debatte von einer Frage der Legitimität zu einer Frage der Sicherheit. Und Sicherheit war immer ein mächtigeres Argument als Hoffnung. In Brüssel beendete der Staatssekretär sein Treffen mit den Beratern und stand auf, während er die nächsten Schritte bereits im Kopf durchging. Die wirtschaftlichen Narrative hatten genau die Wirkung, die er erwartet hatte. Sie gaben den Regierungen ein rational klingendes Argument, um den Prozess zu bremsen, ohne offen zuzugeben, dass sie vor allem Machtverlust fürchteten. „Wir müssen die Verbindung klar machen", sagte er zu seiner Kommunikationschefin, während sie den Raum verließen. „Welche Verbindung?" „Zwischen globaler politischer Unsicherheit und wirtschaftlichem Risiko." Sie sah ihn kurz an. „Und wenn die Bewegung argumentiert, dass genau die aktuelle Ordnung wirtschaftliche Instabilität produziert?" Der Staatssekretär lächelte kaum merklich. „Dann sagen wir, dass Instabilität nicht durch Instabilität gelöst wird." In Manhattan blieb Lina noch einen Moment am Fenster stehen, nachdem das Gespräch im Raum wieder in leiser Analyse übergegangen war. Die Straßen unter ihr wirkten weiterhin normal, als ob die Welt nicht gerade dabei war, eine neue Phase politischer Spannung zu betreten. Doch sie wusste, dass wirtschaftliche Angst eine Dynamik auslösen konnte, die schwerer zu kontrollieren war als politische Argumente. Menschen konnten über Ideen streiten, aber wenn sie glaubten, ihre Jobs, ihre Ersparnisse oder ihre wirtschaftliche Zukunft könnten gefährdet sein, reagierten sie anders. David unterbrach ihre Gedanken. „Es gibt eine neue Meldung." Lina drehte sich um. „Was diesmal?" David klickte auf einen internationalen Nachrichtenticker. „Mehrere Finanzminister planen eine gemeinsame Erklärung über die Risiken globaler politischer Instabilität." Lina las die Zeile und spürte, wie sich etwas in der Atmosphäre des Raumes verdichtete. Die wirtschaftliche Angst war nicht mehr nur ein Hintergrundrauschen. Sie wurde gerade offiziell in die politische Auseinandersetzung integriert. Und genau in diesem Moment erschien eine weitere Eilmeldung auf den Bildschirmen: Eine Gruppe einflussreicher Wirtschaftsführer hatte öffentlich gefordert, dass Regierungen den Reformprozess aussetzen sollten, bis sich die Märkte beruhigt hätten. Lina sah auf den Satz und wusste sofort, dass die nächste Phase des Konflikts begonnen hatte.

11. David kämpft um digitale Handlungsfähigkeit

David Reyes merkte an der Art, wie die Warnfenster auf seinem Hauptmonitor aufsprangen, dass die Lage eine neue Stufe erreicht hatte, noch bevor er die ersten Inhalte gelesen hatte. Nicht mehr die vereinzelten Störungen der letzten Tage, nicht mehr die bekannten Muster koordinierter Meldespitzen, Botverdichtungen, gefälschter Screenshots und hektischer regionaler Rückfragen, sondern ein gleichzeitiges Ziehen an mehreren entscheidenden Stellen der Infrastruktur, als hätte jemand aufgehört, die Bewegung bloß zu beobachten, und begonnen, ihre Handlungsfähigkeit systematisch zu testen. In dem Raum in Brooklyn, der seit Monaten halb Kontrollzentrum, halb Schlafentzugsmuseum geworden war, summten die Rechner mit jener gleichmäßigen Indifferenz, die technische Systeme selbst dann bewahren, wenn die Menschen vor ihnen beginnen, politische Geschichte in Datenverkehr übersetzen zu müssen. Leila stand schon am seitlichen Rack, das Telefon zwischen Schulter und Ohr geklemmt, während sie mit einer Hand zwischen zwei Dashboards hin und her wechselte. Auf einem Bildschirm blinkte eine rote Kennzeichnung über dem Moderationscluster für Lateinamerika, auf einem anderen stieg die Fehlerrate bei verifizierten Logins in drei Regionen gleichzeitig, und im internen Krisenkanal erschienen Meldungen so schnell, dass sie nicht mehr wie Sprache, sondern wie ein digitales Wetter wirkten. „Sag es mir in einer Ordnung, die nicht lügt“, sagte David, ohne sich umzudrehen. Leila legte auf. „Erstens, mehrere Plattformen haben ohne Vorwarnung Reichweitenbegrenzungen auf Inhalte angewendet, die in unseren regionalen Knoten besonders stark liefen. Noch nicht offiziell gegen uns, aber faktisch gegen alles, was nach transnational koordinierter politischer Mobilisierung aussieht. Zweitens, zwei unserer Spiegelserver werden seit fünfunddreißig Minuten mit Verkehr überflutet. Drittens, jemand verteilt eine gefälschte interne Mitteilung, angeblich von uns, in der lokale Gruppen aufgefordert werden, heute Abend öffentliche Gebäude symbolisch zu umzingeln." David schloss kurz die Augen. Das war die Architektur des Angriffs in ihrer saubersten Form. Die Sichtbarkeit kappen, die Reaktionsfähigkeit überlasten, die politische Linie der Bewegung durch gefälschte Radikalisierung verschieben. „Ist die Fälschung gut?" fragte er. „Gut genug, dass erschöpfte Leute sie im falschen Moment glauben könnten." Er nickte. Das war immer die Schwelle, an der digitale Konflikte gefährlich wurden. Nicht perfekte Täuschung, sondern ausreichende Plausibilität unter Zeitdruck. Auf einem Nebenmonitor lief die Livekarte der regionalen Knoten. Punkte, Linien, Latenzen, Störungen. Für Außenstehende hätte es abstrakt ausgesehen, vielleicht sogar elegant. Für David war es etwas anderes. Es war die sichtbare Form einer politischen Bewegung, die nur deshalb global hatte werden können, weil sie gelernt hatte, nicht bloß zu senden, sondern Vertrauen über Distanz hinweg zu organisieren. Genau dort setzte der Druck jetzt an. In Band eins war Technik noch Werkzeug gewesen, ein Mittel, Menschen, Analysen und Sprache in eine Form zu bringen, die überhaupt erst zirkulieren konnte. In Band zwei hatte David begriffen, dass Infrastruktur nicht nur Transport war, sondern Machtform. Wer Sichtbarkeit, Verifikation, Synchronisation und Eskalationsbremse kontrollierte, bestimmte nicht alles, aber mehr, als den meisten lieb war. Jetzt, in Band drei, wurde diese Einsicht zu einer Last. Er kämpfte nicht mehr darum, dass GSC wachsen konnte. Er kämpfte darum, dass die Bewegung unter Druck handlungsfähig blieb, ohne sich in genau den zentralisierten Apparat zu verwandeln, als den ihre Gegner sie ohnehin bereits darstellen wollten. „Wir brauchen Prioritäten", sagte Leila. „Die Regionalen drehen durch. Einige wollen alles runterfahren, andere wollen aggressiv dagegenhalten, wieder andere fordern, dass wir jede lokale Veröffentlichung erst zentral freigeben." David drehte den Stuhl zu ihr. „Nein." „Nein zu was?" „Zu der Illusion, dass totale Kontrolle uns rettet." Leila sah ihn einen Moment lang an, zu müde, um genervt zu wirken. „Und was rettet uns?" „Gar nichts rettet uns vollständig. Wir entscheiden nur, woran wir nicht sterben wollen." Im nächsten Moment sprang der gesicherte Videokanal an. Lina erschien, das Bild leicht verzögert, die Müdigkeit in ihrem Gesicht nicht kaschiert, sondern nur diszipliniert. Hinter ihr im Manhattaner Arbeitsraum bewegte sich jemand mit einem Tablet von einem Schreibtisch zum anderen, auf dem großen Bildschirm liefen Märkte, Protestbilder und Schlagzeilen in einer Überlagerung, die wirkte, als hätte die Welt verlernt, Themen voneinander zu trennen. „Was ist los?“ fragte sie sofort. David gab ihr die Kurzfassung. Während er sprach, merkte er, dass die Sprache selbst zum Problem wurde. Wenn er sagte, dass Plattformen Inhalte begrenzten, klang es technisch. Wenn er sagte, dass politische Handlungsräume algorithmisch verengt wurden, klang es dramatisch. Beides war wahr. „Können wir gegensteuern?“ fragte Lina. „Teilweise. Aber jede Gegenmaßnahme hat politische Kosten.“ „Welche?“ „Wenn wir zentrale Freigaben hochziehen, schützen wir die Linie, aber wir verlieren lokale Elastizität und sehen noch mehr wie ein disziplinierter Kommandoapparat aus. Wenn wir offen bleiben, erhöht sich das Risiko, dass Fälschungen, emotionale Übersteuerung oder schlecht formulierte lokale Aufrufe uns global beschädigen.“ Lina schwieg einen Moment. Nicht aus Unentschiedenheit, sondern weil sie dieselbe Logik bereits von anderen Fronten kannte. Jede Schutzbewegung erzeugte neues Material für den Vorwurf der Machtanmaßung. „Was würdest du tun?“ fragte sie schließlich. David hasste diese Frage nicht, aber er fürchtete sie. Nicht, weil er keine Antwort hatte, sondern weil jede Antwort in solchen Momenten begann, politische Realität zu formen. „Dezentrale Veröffentlichung behalten“, sagte er. „Aber mit engeren Verifikationsschleifen für alles, was Aktionssprache enthält. Lokale Gruppen dürfen sprechen, aber nicht im Namen einer Gesamtstrategie, die es so nicht gibt. Außerdem eine sichtbare, knappe Leitlinie gegen Besitzsprache, gegen Belagerungsrhetorik und gegen jedes Vokabular, das nach institutioneller Ersetzung klingt.“ Lina nickte langsam. „Mach es.“ Bevor die Verbindung abbrach, sagte sie noch: „Und David.“ „Ja?“ „Lass uns nicht aus Angst vor Manipulation zu dem werden, wovor wir warnen.“ Er antwortete nicht sofort. Dann sagte er nur: „Ich versuche genau das.“ Als das

Bild verschwand, blieb für einen Moment nur das Summen der Technik und der Takt der Benachrichtigungen. Leila atmete aus. „Sie vertraut dir." David blickte wieder auf die Monitore. „Das macht es nicht besser." Im internen Koordinationsraum der europäischen Regionalmoderation war die Lage inzwischen chaotischer. Eine Schalte mit zwölf Städten lief gleichzeitig, oft mit schlechter Verbindung, erschöpften Gesichtern, zu lauten Hintergrundgeräuschen und jener gereizten Offenheit, die nur Menschen entwickeln, die wissen, dass sie Teil eines größeren Ganzen sind und trotzdem im falschen Moment sehr allein sein können. Eine Frau aus Barcelona sagte, dass sie in den letzten zwei Stunden fünf verschiedene angebliche Anweisungen aus dem „zentralen GSC-Team" erhalten habe, zwei davon offenkundig gefälscht, eine erschreckend glaubwürdig. Ein Mann aus Prag erklärte, lokale Medien würden bereits behaupten, GSC plane koordinierte Störaktionen gegen diplomatische Vertretungen. Eine Moderatorin aus Brüssel sagte, ihre Gruppe werde online mit Standortdaten gedoxxt und gleichzeitig in Kommentaren als elitärer Schattenapparat verspottet. David hörte zu und machte sich keine Illusionen darüber, was hier geschah. Es war kein einzelner Hackerangriff, kein sauber eingrenzbarer technischer Vorfall. Es war eine breit gestreute Operation zur Erzeugung digitaler Handlungsunfähigkeit. Wenn jede lokale Gruppe zuerst prüfen musste, ob eine Nachricht echt war, ob ein Clip manipuliert, ob ein Leitfaden offiziell, ob eine Moderationsmaßnahme politisch oder algorithmisch motiviert war, dann verlor die Bewegung nicht nur Reichweite. Sie verlor Zeit. Und in Krisen war Zeit die Währung, mit der Wahrheit oft gegen Angst verlor. „Alle hören jetzt zu", sagte David in die Schalte, und die Lautstärken sanken langsam. „Es gibt keine zentralen Aufrufe zu Belagerung, Blockade oder symbolischer Umzingelung von Gebäuden. Alles, was das behauptet, ist falsch, solange es nicht über verifizierte regionale Knoten und die Standardkanäle bestätigt wurde. Zweitens, ihr reagiert heute auf keine provokative Fälschung mit improvisierter Größe. Keine heroischen Gegenposts, keine moralische

Überhitzung, keine Echtzeit-Eskalation. Drittens, lokale Eigenständigkeit bleibt, aber ihr verwendet keine Sprache, die nach Besitz, Ultimatum oder institutioneller Ersetzung klingt. Wir verteidigen Handlungsfähigkeit, keine mythische Unvermeidlichkeit." Ein Mann aus Warschau schnaubte. „Das klingt, als würden wir uns kleiner machen, während sie uns größer und gefährlicher schreiben." David hielt seinen Blick auf die Kamerazeile. „Nein. Das klingt, als wollten wir den Unterschied zwischen politischer Reife und adrenalinisierter Selbstverwechslung bewahren." Einige verstanden sofort. Andere nicht. Auch das war Teil des Problems. In einer wachsenden Bewegung bedeutete Kontinuität nicht, dass alle dieselbe politische Nervenlage hatten. Manche waren zum ersten Mal in einem historischen Prozess. Andere lebten schon seit Monaten darin. Ein paar liebten die Nähe zur Geschichte mehr, als ihnen selbst bewusst war. Genau sie waren jetzt besonders verwundbar für Manipulation. Als die Schalte endete, zeigte ein Monitoringfenster, dass der gefälschte Belagerungsaufruf bereits in vier Nachrichtensendungen thematisiert wurde, meist mit dem Zusatz, seine Authentizität sei noch unklar. Noch unklar war der Lieblingszustand der Gegenwart, dachte David. Wahr genug für Alarm, unbewiesen genug für Rückzug. „Wir müssen offensiv dementieren", sagte Leila. „Ja", sagte David, „aber ohne so zu klingen, als verteidigten wir einen internen Befehlskörper, der überhaupt in der Lage wäre, solche Dinge zu befehlen." „Manchmal hasse ich politische Sprache", murmelte sie. „Sie hasst uns auch", sagte er. Auf einem zweiten Kanal blinkte eine Anfrage von Noah Stein. Brauche Einordnung. Nicht fürs Publikum. Für mich. David zögerte kurz und nahm dann den Call an. Noah erschien im Profil, noch irgendwo zwischen Studiolicht und Hotelflur, die Krawatte gelöst, die Augen zu wach. „Sag mir, was ich wirklich sehe", sagte Noah ohne Einleitung. „Nicht die schöne Version." „Du siehst den Versuch, uns gleichzeitig wie chaotische Straße und wie verdeckten Apparat aussehen zu lassen", sagte David. „Wenn wir dezentral bleiben, werden Fälschungen gegen uns verwendet. Wenn wir zentralisieren, beweisen wir ihre These. Also kämpfen wir gerade um den schmalen Raum dazwischen.“ Noah nickte einmal. „Und wer macht es?“ „Zu früh für Beweise, spät genug für Muster. Staatliche Akteure, staatsnahe Netzwerke, opportunistische Trittbrettfahrer, vielleicht Plattformpanik ohne offizielle Weisung. Die Mischung ist das Problem. Kein Zentrum, das man benennen kann. Nur Konvergenz mit Wirkung.“ Noah schwieg kurz. „Kann ich sagen, dass die digitale Infrastruktur der Bewegung unter Druck gerät?“ „Ja. Aber sag nicht, als wären wir Opfer einer Cyberapokalypse. Das gibt der Gegenseite wieder die Aura eines unsichtbaren allmächtigen Gegners und uns die Aura der bedrängten Tugend. Beides ist falsch.“ „Was ist richtig?“ fragte Noah. David sah auf die Karten, auf die Logins, auf die zitternden Statusmeldungen aus Lagos, Warschau, Buenos Aires, Jakarta, Toronto. „Dass Demokratie im 21. Jahrhundert nicht nur in Räumen verhandelt wird, sondern in Protokollen, Moderationsregeln, Verifikationsketten und Sichtbarkeitsfiltern. Und dass genau dort gerade jemand versucht zu entscheiden, wer als koordinationsfähig gelten darf und wer als gefährlich.“ Noahs Blick veränderte sich leicht. Nicht weicher, eher schärfer. „Das reicht mir.“ Nachdem die Verbindung endete, blieb David einen Moment regungslos sitzen. Er wusste, dass er in Sätzen gesprochen hatte, die sich beinahe wie Theorie anhörten. Aber Theorie war in Krisen oft nur der Name, den Menschen den Strukturen gaben, in denen sie gerade feststeckten. Auf einem internen Unterkanal eskalierte inzwischen die Debatte, ob man die gesamte globale Plattform für sechs Stunden auf read-only setzen sollte, um die Verifikation zu stabilisieren. Ein Teil des Teams argumentierte dafür, weil man so Fälschungswellen brechen könne. Andere warnten, das würde in vielen Regionen wie digitale Ausgangssperre wirken und nicht nur operativ, sondern symbolisch verheerend sein. David kannte beide Seiten. Band zwei hatte ihn bereits an den Rand dieser Frage geführt. Wie schützt man eine Bewegung, deren Legitimität teilweise gerade darin liegt, dass sie nicht wie ein zentraler Apparat funktioniert, wenn genau diese Offenheit ihre verletzlichste Stelle ist? Er öffnete die Abstimmungsübersicht, las die

Argumente, ließ die Hand über dem Eingabefeld schweben und dachte plötzlich an den Satz, den Lina vorhin gesagt hatte. Lass uns nicht aus Angst vor Manipulation zu dem werden, wovor wir warnen. Es war ein schöner Satz. Und ein furchtbar unpraktischer. Aber vielleicht war genau das der Maßstab. Nicht ob eine Maßnahme effizient wirkte, sondern ob man nach ihr noch glaubwürdig sagen konnte, man kämpfe für demokratische Reife und nicht für eine besser verpackte Form von Steuerung. „Wir machen es nicht", sagte er schließlich. Leila blickte vom Terminal auf. „Kein read-only?" „Nein. Wir ziehen nur sensible Ebenen enger, lassen die lokalen Diskussionsräume offen und markieren alles, was verifiziert ist, brutal sichtbar." „Brutal sichtbar ist kein technischer Begriff." „Sollte einer werden." Er arbeitete die nächsten zwanzig Minuten fast ohne zu sprechen. Sichtbare Vertrauensebenen erhöhen, regionale Verifikation priorisieren, automatische Fälschungswarnungen schärfen, redundante Kanäle umstellen, ein Notfallprotokoll für lokale Gruppen veröffentlichen, das nicht nach Befehl, sondern nach kollektiver Schutzlogik klang. Währenddessen meldete ein Nachrichtenfenster, dass mehrere Plattformen nun offiziell „gegen koordinierte grenzüberschreitende politische Einflusskampagnen mit erhöhtem Destabilisierungspotenzial" vorgingen. David las die Formulierung und lachte einmal kurz, freudlos. „Jetzt sind wir also fast schon Wetter." „Was?" fragte Leila. „Destabilisierungspotenzial", sagte er. „Als wären Menschen, die um politische Form ringen, eine atmosphärische Störung." Dann kam die Nachricht aus Toronto. Nicht aus den Medien, sondern aus einem kleinen regionalen Kanal, aufgenommen mit zitternder Hand. Ein lokaler Organisator sagte in die Kamera, die Polizei habe sich auf einen angeblichen GSC-Aufruf zu einer nächtlichen Umzingelung bezogen, den es nie gegeben habe, und mehrere Menschen präventiv vom Platz gedrängt. Im Hintergrund hörte man Diskussionen, Sirenen, eine Frau, die immer wieder sagte, dass es diese Anweisung nie gegeben habe. David sah auf das Video und spürte, wie die digitale Ebene in die physische überging. Das war der Punkt, den er immer gefürchtet hatte. Nicht dass Lügen im Netz zirkulierten. Sondern dass sie schnell genug wurden, um Verhalten auf Straßen, in Einsatzbesprechungen, in Pressetexten und Institutionen zu formen. Sein Telefon vibrierte. Lina. Er nahm sofort ab. „Wir haben Toronto gesehen", sagte sie. „Ja." „Kannst du zweifelsfrei belegen, dass der Aufruf falsch war?" David sah auf die Logprotokolle, die regionalen Bestätigungen, die Zeitstempel. „Ja. Intern zweifelsfrei. Öffentlich belastbar in wenigen Minuten, wenn die Plattformen uns nicht vorher wieder runterfiltern." Am anderen Ende herrschte für einen Augenblick Stille. Dann sagte Lina: „Dann geht es nicht mehr nur um Reichweite." „Nein", sagte David. „Jetzt geht es um Wirklichkeit." Genau in diesem Moment sprang auf dem größten Monitor eine neue Warnung auf, diesmal nicht rot, sondern schwarz hinterlegt, Priorität höchste Stufe. Mehrere verifizierte regionale Knoten melden gleichlautende Phishing-Versuche mit Zugriff auf Identitätsdaten lokaler Moderatorinnen und Moderatoren. Mögliche nächste Phase: Übernahme offizieller Knoten. Leila sagte nichts. David stand langsam auf, als könnte er im Stehen klarer sehen, was der Satz bedeutete. Wenn sie die Knoten übernahmen, ging es nicht mehr nur um Verwirrung. Dann konnten sie in ihrem Namen sprechen. Er legte die Hand auf die Tischkante, sah auf die flimmernden Karten, auf die offenen Leitungen in die ganze Welt, auf die Vertrauensarchitektur, die so lange gewachsen war wie eine vorsichtige politische Sprache, und wusste, dass die eigentliche Frage dieses Tages plötzlich brutal einfach geworden war. Nicht ob GSC noch senden konnte. Sondern ob es in den nächsten Stunden noch als es selbst sprechen würde.

12. Der Machtblock fordert offen den Abbruch des Prozesses

Die Erklärung kam nicht als Schock, sondern als jener Moment, in dem ein Prozess, der sich über Tage aufgebaut hatte, seine logische Form annahm und plötzlich nicht mehr zu übersehen war. Am frühen Nachmittag in mehreren Zeitzonen gleichzeitig begannen große Nachrichtenagenturen eine Meldung zu verbreiten, die zunächst wie eine gewöhnliche diplomatische Stellungnahme klang, bis der zweite Absatz sichtbar machte, dass eine Grenze überschritten worden war. Mehrere Staaten des sogenannten Souveränitätsblocks erklärten offiziell, dass der derzeitige Reformprozess der internationalen Ordnung unter den gegenwärtigen Umständen nicht fortgesetzt werden könne, weil die Kombination aus transnationaler Mobilisierung, wirtschaftlicher Unsicherheit und wachsender gesellschaftlicher Polarisierung eine verantwortliche institutionelle Entscheidung unmöglich mache. Die Formulierung war präzise, kühl, und genau deshalb so wirkungsvoll. Niemand sprach von Kapitulation oder Abbruch, sondern von Aussetzung, von Stabilisierung, von der Notwendigkeit, institutionelle Räume vor politischer Überhitzung zu schützen. Doch jeder, der in den letzten Wochen aufgepasst hatte, verstand sofort, dass dies genau das bedeutete, was Global System Change am meisten gefürchtet hatte: den Versuch, den geöffneten Prozess wieder zu schließen, bevor er irreversible Dynamik gewinnen konnte. In Brüssel verfolgte der Staatssekretär die Veröffentlichung der Erklärung auf einem Bildschirm, während im Raum um ihn herum mehrere Berater bereits begannen, Reaktionen aus anderen Hauptstädten zusammenzutragen. Er stand mit verschränkten Armen vor der Glaswand, die auf eine graue Skyline blickte, und wartete nicht auf Jubel oder Erleichterung. Das hier war kein Sieg, sondern ein Einsatz. Wenn der Prozess jetzt gestoppt werden konnte, würden viele Regierungen aufatmen, aber gleichzeitig würde sich die politische Auseinandersetzung auf eine neue Ebene verlagern, in der das Risiko von Gegenmobilisierung noch schwerer zu kontrollieren war. „Die ersten Reaktionen?“ fragte er schließlich. Eine Beraterin sah auf ihr Tablet. „Mehrere Staaten unterstützen die Erklärung sofort. Andere formulieren vorsichtiger, sprechen von Neubewertung oder institutioneller Pause.“ „Und die Institutionen?“ „Noch keine offizielle Stellungnahme.“ Der Staatssekretär nickte langsam. Genau dort lag der nächste Kampf. Wenn internationale Institutionen den Prozess formell unterbrachen, konnte der Souveränitätsblock behaupten, Verantwortung gezeigt zu haben. Wenn sie sich widersetzten, würde der Konflikt sichtbar eskalieren. In Genf saß Amina Hassan bereits in einem Konferenzraum, als die Meldung auf mehreren Telefonen gleichzeitig aufleuchtete. Zuerst war es nur ein kurzes Zögern im Raum, ein Blickwechsel zwischen Delegierten, ein Rascheln von Papieren, das plötzlich lauter klang als zuvor. Dann begann jemand zu sprechen. Ein Vertreter eines europäischen Staates hob leicht die Hand. „Es scheint“, sagte er vorsichtig, „dass mehrere Regierungen ernsthafte Bedenken hinsichtlich der Fortsetzung dieses Prozesses unter den aktuellen Umständen äußern.“ Niemand im Raum tat so, als sei das eine Überraschung. Die Entwicklung hatte sich seit Tagen angekündigt. Aber der Unterschied zwischen Andeutung und offizieller Forderung war enorm. Amina spürte, wie sich die Atmosphäre veränderte, als hätte jemand den Raum enger gemacht. „Die Frage“, sagte sie ruhig, „ist nicht, ob Bedenken existieren. Die Frage ist, ob ein politischer Prozess, der bereits begonnen hat, durch Druck von außen beendet werden kann.“ Der Vertreter antwortete sofort. „Oder ob er unter Druck überhaupt fortgesetzt werden darf.“ In Wien sah Noah Stein die Eilmeldung auf seinem Bildschirm, während im Studio bereits hektische Gespräche liefen. Der Produzent hob den Kopf. „Das ist der Moment.“ Noah nickte langsam. Er wusste, dass der Konflikt jetzt öffentlich eine neue Form annehmen würde. Bisher hatten Regierungen versucht, den Reformprozess zu begrenzen oder umzudeuten. Jetzt forderten sie offen, ihn zu stoppen. Das war eine politische Eskalation, die niemand mehr als bloße Vorsicht darstellen konnte. „Wir gehen in fünf Minuten live“, sagte der Produzent. Noah sah noch einmal auf die Erklärung des Souveränitätsblocks. Die Sprache war perfekt konstruiert, um rational zu wirken. Verantwortung, Stabilität, institutionelle Integrität. Aber zwischen den Zeilen stand etwas anderes: die Angst vor einem politischen Moment, der sich der traditionellen Kontrolle entzog. In Manhattan las Lina Koran die Erklärung zweimal, bevor sie etwas sagte. Der Raum um sie herum war still geworden, während mehrere Bildschirme gleichzeitig internationale Reaktionen sammelten. Einige Kommentatoren bezeichneten die Forderung als notwendigen Schritt zur Stabilisierung, andere als Versuch, einen historischen Reformprozess zu sabotieren. Doch Lina konzentrierte sich auf den Text selbst. „Sie haben es getan“, sagte jemand im Raum. Lina nickte kaum merklich. „Ja.“ David erschien auf dem Bildschirm aus Brooklyn, das Gesicht von den Monitoren hinter ihm beleuchtet. „Das wird die Bewegung explodieren lassen“, sagte er. Lina sah ihn an. „Oder brechen.“ Ein junger Organisator hob den Kopf. „Wir können das nicht akzeptieren.“ Lina antwortete nicht sofort. Sie wusste, dass viele Menschen in der Bewegung genau so reagieren würden. Für sie war der Reformprozess nicht nur eine politische Möglichkeit gewesen, sondern ein Versprechen, dass die Welt aus ihren eigenen Blockaden lernen konnte. Wenn dieser Prozess jetzt gestoppt wurde, würde sich die Wut vieler Unterstützer in Sekunden entzünden. Und genau darauf setzte der Machtblock möglicherweise. „Wenn wir jetzt emotional reagieren“, sagte Lina schließlich langsam, „bestätigen wir genau das Narrativ, das sie benutzen.“ David nickte aus dem Bildschirm. „Dass wir destabilisieren.“ Lina sah wieder auf die Erklärung. „Sie sagen, sie schützen Stabilität.“ „Und wir?“ fragte der Organisator. Lina antwortete nicht sofort. In ihrem Kopf liefen mehrere Szenarien gleichzeitig. Wenn GSC jetzt frontal gegen die Forderung des Machtblocks mobilisierte, könnte die Bewegung zeigen, dass sie politisch relevant war. Aber sie würde gleichzeitig als Druckmaschine erscheinen, die Institutionen unter Zwang setzte. Wenn sie still blieb, könnte der Prozess tatsächlich gestoppt werden, bevor er irreversible Dynamik gewann. „Wir müssen klüger sein als ihre Erzählung", sagte sie schließlich. In Brüssel beobachtete der Staatssekretär die ersten internationalen Reaktionen mit wachsender Aufmerksamkeit. Einige Regierungen unterstützten die Forderung bereits offen, andere hielten sich zurück, wieder andere äußerten vorsichtige Kritik. Doch die entscheidende Frage war nicht die Anzahl der Unterstützer. Es war die Geschwindigkeit, mit der sich die Forderung verbreitete. Wenn genug Staaten sie übernahmen, würde der institutionelle Druck enorm werden. „Die Bewegung wird reagieren", sagte die Kommunikationschefin. „Natürlich." „Und wenn sie auf die Straße geht?" Der Staatssekretär sah wieder auf den Bildschirm. „Dann beweisen sie unser Argument." In Genf spürte Amina Hassan, dass sich die Sitzung in eine andere Richtung bewegte. Delegierte flüsterten miteinander, Berater liefen in und aus dem Raum, Telefone vibrierte ununterbrochen. Ein Vertreter eines afrikanischen Staates sagte schließlich laut genug, dass alle ihn hören konnten: „Wenn dieser Prozess jetzt endet, senden wir ein Signal, dass globale politische Reform unmöglich ist." Ein anderer Delegierter antwortete sofort. „Oder dass sie verantwortungsvoll vorbereitet werden muss." Amina sah zwischen ihnen hin und her. Genau hier verlief jetzt die entscheidende Linie. Nicht zwischen Staaten und Bewegung, sondern zwischen zwei Interpretationen der gleichen Situation. War die Welt an einem Punkt, an dem sie mutiger werden musste? Oder an einem Punkt, an dem Vorsicht überlebensnotwendig war? In Manhattan vibrierte plötzlich Linas Telefon mit einer neuen Eilmeldung. Sie öffnete sie und spürte, wie sich ihr Magen zusammenzog. „Was ist?" fragte David. Lina sah auf den Bildschirm und las laut vor: „Mehrere Staaten haben angekündigt, dass sie ihre Teilnahme an den nächsten institutionellen Gesprächen sofort aussetzen werden, falls der Reformprozess nicht offiziell gestoppt wird." Im Raum wurde es vollkommen still. Lina senkte das Telefon langsam. „Das ist kein diplomatischer Druck mehr", sagte sie leise. David sah sie ernst an. „Das ist ein Ultimatum." Genau in diesem Moment erschien auf den

Bildschirmen eine weitere Meldung, die den Konflikt noch schärfer machte: Die Leitung einer zentralen internationalen Institution kündigte an, innerhalb der nächsten Stunden eine offizielle Stellungnahme zur Zukunft des Reformprozesses abzugeben. Lina sah auf die Nachricht und wusste, dass die Entscheidung über die nächsten Jahre der Weltpolitik gerade begonnen hatte.

Teil III – Überlagerung (13–18)

13. Mehrere Krisen laufen gleichzeitig

Der Tag verlor seine Ordnung nicht in einem einzigen Ereignis, sondern in der Art, wie sich mehrere Wirklichkeiten ineinanderschoben, bis selbst erfahrene Menschen nicht mehr sicher waren, welche von ihnen gerade das Zentrum war. In Genf warteten Delegierte auf eine Stellungnahme zur Zukunft des Prozesses, während draußen vor dem Gebäude die Menge dichter wurde und Kamerateams sich in immer engeren Kreisen bewegten, als könnten sie die Schwerkraft der Geschichte durch bessere Blickwinkel bändigen. In Manhattan saß Lina Koran vor einer Wand aus Bildschirmen, auf denen gleichzeitig drei Nachrichtensprachen, vier Zeitzonen und mindestens fünf Eskalationslogiken liefen, und zum ersten Mal seit dem Beginn von Global System Change hatte sie das Gefühl, dass die Welt nicht nur zu groß geworden war, sondern zu simultan. Ein Korrespondent sprach über die mögliche Aussetzung institutioneller Gespräche. Darunter lief ein Ticker über steigende Risikoaufschläge in mehreren Regionen. Rechts davon zeigten Livebilder eine Gegenkundgebung in Paris, bei der Menschen riefen, Demokratie brauche Grenzen, während auf einem kleineren Fenster daneben eine lokale GSC-Versammlung in Nairobi darüber sprach, dass genau diese Grenzen ihre Probleme seit Jahrzehnten verwalteten, ohne sie zu lösen. Irgendwo hinter all dem meldete David aus Brooklyn, dass drei regionale Knoten erneut unter Druck geraten seien und eine neue Welle gefälschter Anweisungen im Umlauf sei. Lina antwortete nicht sofort. Sie versuchte nicht mehr, die Ereignisse in eine Reihenfolge zu bringen. Reihenfolge war inzwischen ein Luxus. „Was ist jetzt am gefährlichsten?“ fragte einer der Organisatoren im Raum. Lina sah weiter auf die Bildschirme. „Dass alle glauben werden, ihr eigenes Problem sei das einzige.“ In Brooklyn hatte David aufgehört, nur in technischen Kategorien zu denken. Die Monitore zeigten ihm weiterhin alles, was ein Infrastruktursystem zeigen konnte: Zugriffsspitzen, Störmuster, Serverlast, Verifikationsengpässe, Plattformdrosselungen, koordinierte Meldeschleifen. Doch darüber lag inzwischen eine zweite Ebene, die sich nicht mehr technisch lösen ließ. Ein lokaler Knoten in Südamerika wollte wissen, ob man die Polizeipräsenz vor einem Versammlungsort öffentlich machen solle oder ob das wieder wie Mobilisierung durch Alarm klingen würde. Eine Gruppe in Osteuropa fragte, ob die jüngsten wirtschaftlichen Verwerfungen in ihren Posts erwähnt werden dürften oder ob das sofort als Erpressungsnarrativ ausgelegt würde. Eine Moderatorin aus Südostasien schrieb, dass Menschen vor Ort gleichzeitig Angst vor staatlicher Repression, vor Jobverlusten und vor einem Scheitern des Prozesses hätten, und fragte, in welcher Sprache man all das überhaupt noch zusammenhalten könne. David las die Nachrichten und sah auf die Karten. Die Infrastruktur stand noch. Aber Handlungsfähigkeit bedeutete längst nicht mehr nur, dass etwas online blieb. Sie bedeutete, dass Menschen in verschiedenen politischen Klimazonen noch ein Mindestmaß an gemeinsamer Wirklichkeit teilten. Genau das begann zu zerfasern. „Wir verlieren nicht die Plattform", sagte Leila, die auf den Rand eines Tisches gesunken war und mit geröteten Augen auf ihr Tablet starrte. „Wir verlieren die zeitliche Kohärenz." David sah sie an. Es war der präziseste Satz des Tages. In Wien stand Noah Stein am Rand eines Studios, das zu klein geworden war für die Größe des Themas, und hörte, wie ein Produzent gleichzeitig mit zwei Außenstellen sprach, einer Wirtschaftsexpertin auf einer Leitung sagte, sie solle den geopolitischen Kontext nicht vergessen, und einem anderen Gast erklärte, man brauche jetzt keine Theorie, sondern klare Einordnung. Noah hätte fast gelacht, wenn er nicht so müde gewesen wäre. Klare Einordnung. Als hätte sich die Welt in den letzten vierundzwanzig Stunden nicht gerade in die genau entgegengesetzte Richtung bewegt. Auf einem Monitor lief die Vorbereitung der nächsten Sondersendung. Vier Kästen, vier Themen: institutioneller Showdown in Genf, Protestwellen in mehreren Hauptstädten, Märkte unter Druck, militärische Signale in einer angespannten Region, deren Bedeutung noch unklar war. Noah blieb an diesem letzten Kasten hängen. Bislang war die Sicherheitskrise nur atmosphärisch im Raum gewesen, ein Vokabular aus Manövern, Warnungen, Bereitschaften, Beobachtungen. Nun gab es erste Berichte über ausgeweitete Bewegungen, Luftraumaktivität, ungewöhnlich scharf formulierte Sprecherstatements. Noch nichts, was einen Krieg bedeutete. Aber genug, um die politische Psyche weiter zu verengen. Genau so funktionierten überlagerte Krisen, dachte Noah. Sie mussten sich nicht logisch aus einer Ursache ableiten. Es reichte, wenn jede die andere lesbarer machte. Ein Markt, der fällt, macht Rhetorik härter. Härtere Rhetorik macht Sicherheitsdeutungen nervöser. Nervosität im Sicherheitsbereich macht institutionelle Vorsicht plausibler. Institutionelle Vorsicht radikalisiert die Straße. Radikalisierte Straßenbilder verunsichern wieder die Märkte. Niemand musste diesen Kreis planen. Er entstand von selbst, sobald das Vertrauen in Reihenfolgen brach. In Genf sah Amina Hassan genau diesem Bruch beim Arbeiten zu. Die angekündigte Stellungnahme der Institution verzögerte sich bereits zum zweiten Mal, offiziell wegen laufender Konsultationen, in Wahrheit, weil mehrere Seiten versuchten, noch in letzter Minute Formulierungen hineinzuverhandeln, die entweder Offenheit retteten oder sie in kontrollierbare Bedeutungslosigkeit zurückbauten. Im Besprechungsraum war die Luft abgestanden, die Stimmen leiser geworden, was nie ein gutes Zeichen war. Laute Konflikte waren oft ehrlicher. Leise Konflikte bedeuteten, dass die Wörter bereits zu Waffen geworden waren. Ein Delegierter sprach von der Notwendigkeit, „gleichzeitig auf gesellschaftliche Spannungen, wirtschaftliche Sensibilitäten und sicherheitspolitische Implikationen" zu reagieren. Ein anderer forderte, man müsse „in einer Situation multipler Systembelastungen" besonders darauf achten, keine institutionellen Prozesse zu überdehnen. Amina hörte zu und wusste, dass hier etwas Gefährliches geschah. Nicht nur der Reformprozess selbst wurde in Frage gestellt. Die Überlagerung der Krisen begann ihn semantisch zu verschlucken. Alles wurde nun gegen alles argumentierbar. Gerade weil die Straße unruhig war, müsse man institutionell bremsen. Gerade weil wirtschaftliche Unsicherheit wachse, dürfe man politische Strukturfragen nicht vertiefen. Gerade weil die Sicherheitslage sensibel sei, müsse jede zusätzliche globale Aufladung vermieden werden. Jedes Argument klang vernünftig. In ihrer Summe bedeuteten sie Stillstand. Und Stillstand war in einer bereits geöffneten historischen Situation kein neutraler Zustand mehr. Er war eine Entscheidung zugunsten der alten Schwerkraft. Ihr Telefon vibrierte mit einer Nachricht aus New York. Die Stellungnahme der Institution könnte noch einmal verschoben werden. Mehrere Missionen drohen mit offenem Dissens. Amina las die Zeile und spürte nicht Panik, sondern diese spezifische Form institutioneller Kälte, die dann einsetzt, wenn ein Prozess beginnt, sich unter dem Gewicht seiner eigenen Vorsicht zu verformen. Draußen vor dem Gebäude wurden die Sprechchöre lauter. Auf einem der Flurmonitore sah sie, dass ein Wirtschaftsnetzwerk gerade eine Eilmeldung brachte: weitere Kursrückgänge in sensiblen Sektoren, ausgelöst durch politische Unsicherheit und die wachsende Wahrscheinlichkeit eines multilateralen Bruchs. Im selben Augenblick meldete eine Kollegin aus dem Nachbarraum, dass eine regionale Militärallianz eine Pressekonferenz vorziehe. Alles gleichzeitig. Nicht weil die Dinge kausal identisch waren, sondern weil sie einander jetzt symbolisch fraßen. In einer europäischen Hauptstadt stand der Staatssekretär des Machtblocks in einem Raum mit schallgedämpften Wänden und sah sich dieselbe Überlagerung aus Krisen an, nur mit einem anderen inneren Kommentar. Für ihn bestätigte die Gleichzeitigkeit die Richtigkeit der eigenen Linie. Nicht weil er Chaos wollte, sondern weil er überzeugt war, dass gerade in einer Welt, die an mehreren Stellen zugleich flackerte, das Letzte, was man tun dürfe, die Öffnung eines strukturellen Großprozesses sei, dessen demokratische und verfassungsrechtliche Grundlagen nicht geklärt waren. Er sprach mit einem Minister, der zugeschaltet war und bereits fragte, ob die wirtschaftlichen und sicherheitspolitischen Entwicklungen nicht genutzt werden sollten, um den institutionellen Druck weiter zu erhöhen. „Nicht genutzt“, sagte der Staatssekretär mit jener trockenen Präzision, die ihn gefährlich machte. „Berücksichtigt. Wir dürfen nie so klingen, als wollten wir Krise instrumentalisieren. Wir müssen so klingen, als würden wir ihre Gesamtheit ernst nehmen.“ Der Minister auf dem Bildschirm nickte. „Und wenn die Institution nachgibt?“ „Dann sagen wir, sie hat Verantwortung bewiesen.“ „Und wenn sie nicht nachgibt?“ Der Staatssekretär sah einen Moment lang zu den laufenden Bildern der Proteste. „Dann wird die Lage uns helfen.“ Es war kein sadistischer Satz. Er klang eher wie die nüchterne Beschreibung eines Mannes, der an Kräfte glaubte, die größer waren als individuelles Wollen. Genau darin lag sein Gewicht. In Toronto saß Mara, die Sozialarbeiterin vom Protestabend, in ihrer Küche und starrte auf ein Telefon, auf dem gleichzeitig ein Livestream aus Genf, eine Warnung ihrer Bank-App über erhöhte Marktschwankungen, eine Nachricht ihrer Schwester über steigende Preise und ein Video aus einer angespannten Grenzregion liefen, das sie nicht richtig verstand, das aber sofort dieses dumpfe Gefühl erzeugte, dass die Welt sich an mehreren Stellen gleichzeitig von ihrer eigenen Normalität verabschiedete. Sie war keine Strategin, keine Diplomatin, keine Analystin. Genau deshalb war ihre Wahrnehmung wichtig. Für sie war diese Krise kein komplexes Modell. Es war eine Verdichtung aus Sorge, Hoffnung, Erschöpfung und dem irritierenden Gefühl, dass alle Ebenen des Lebens plötzlich politisch geworden waren. Ob ihr Mieteinkauf teurer wurde, ob Regierungen ein globales Verfahren stoppten, ob auf Straßen Menschen gegeneinander schrien, ob irgendwo Militärsprecher plötzlich härter klangen, alles drückte nun auf denselben Nerv. Sie öffnete einen Chat ihrer lokalen GSC-Gruppe. Dort schrieb jemand, man dürfe jetzt nicht einknicken, ein anderer, man dürfe die Leute nicht in eine Spirale treiben, eine dritte, sie habe Angst, dass alles zusammenbreche und am Ende genau die Stärksten profitierten. Mara las die Nachrichten und dachte, dass vielleicht genau das die Wahrheit dieser Phase war: Niemand hatte mehr nur eine Angst. In Manhattan stand Lina immer noch vor dem großen Bildschirm, als die militärische Pressekonferenz begann. Ein Sprecher in Uniform, aber ohne martialische Bilder im Hintergrund, erklärte mit kühler Stimme, man beobachte die Lage sehr genau, man sei zu Vorsichtsmaßnahmen gezwungen, man fordere alle Akteure auf, keine zusätzlichen Instabilitäten zu produzieren. Der Satz war erkennbar auf eine Region bezogen, aber in der globalen Lage wirkte er wie eine allgemein freigesetzte Drohung. Einer der Mitarbeitenden im Raum fluchte leise. „Das hat mit uns nichts zu tun", sagte er. Lina antwortete sofort. „Nicht direkt." Sie wandte den Blick nicht vom Bildschirm ab. „Aber genau das ist das Problem." Niemand fragte nach. Sie mussten es nicht. In einem solchen Moment brauchte es keine direkte Kausalität, damit aus politischem Druck globaler Systemstress wurde. Es genügte, dass alles nun in einem gemeinsamen Interpretationsraum stattfand. Wenn Regierungen wegen der Bewegung nervöser wurden, wenn Institutionen wegen der Regierungen vorsichtiger wurden, wenn Märkte wegen der Vorsicht zuckten, wenn Sicherheitsapparate wegen der Zuckungen empfindlicher lasen, dann konnte niemand mehr sauber sagen, welche Krise wo aufhörte. David meldete sich über Lautsprecher. Seine Stimme klang rauer als sonst. „Wir haben neue Probleme in zwei Regionen. Lokale Moderatoren berichten, dass falsche Sicherheitswarnungen verbreitet werden, angeblich im Namen von GSC, mit der Aufforderung, Versammlungen aus Angst vor unmittelbar bevorstehenden Zwischenfällen zu räumen." Lina drehte sich um. „Ist es glaubwürdig?" „Gerade so sehr, dass es panische Wirkung haben kann. Nicht sauber genug, um langfristig zu halten. Aber schnell genug für jetzt." „Und draußen?" fragte sie, obwohl sie die Bilder vor sich hatte. „Draußen", sagte David, „glauben immer mehr Menschen, dass alles mit allem zusammenhängt." Lina senkte den Blick für einen Moment. Vielleicht war das der gefährlichste Punkt überhaupt. Nicht dass die Leute irrational wurden. Sondern dass die Welt gerade tatsächlich eine Form annahm, in der Verbindungen überall plausibel wirkten. Sie dachte an Band eins, an die ersten Gespräche, an die Hoffnung, politische Wirklichkeit endlich in ihrer globalen Verbundenheit ernst zu nehmen. Damals war Verbundenheit der Name einer notwendigen Einsicht gewesen. Jetzt begann dieselbe Verbundenheit sich wie ein Bedrohungsraum anzufühlen. Das Richtige in seiner überhitzten Form, dachte sie. Ein Organisator fragte, ob man eine sofortige Erklärung zur Gesamtlage abgeben müsse. Lina sah ihn an, dann wieder auf die Monitore. „Wenn wir jetzt so sprechen, als wären wir das Zentrum all dieser Krisen, machen wir uns größer, als wir sind. Wenn wir so sprechen, als hätten sie nichts miteinander zu tun, lügen wir." „Was bleibt dann?" fragte er. Lina antwortete erst nach ein paar Sekunden. „Nur Genauigkeit unter Druck." In Wien wurde Noah gerade in die Livesendung gezogen. Der Moderator fragte ihn, ob man sagen könne, dass die Welt nun in eine echte Mehrfachkrise eingetreten sei. Noah dachte an die institutionelle Erpressung in Genf, an die Straßen, an die Märkte, an die Sicherheitsrhetorik, an Davids Nachricht über gefälschte Warnungen, an Lina, die vermutlich im selben Augenblick darum rang, weder Symbolflucht noch Symbolhybris zu begehen. „Ja", sagte er. „Aber nicht, weil plötzlich alles aus derselben Ursache entsteht. Sondern weil jede Krise jetzt die Deutung der anderen verändert. Genau dadurch wird es gefährlich." Der Moderator wollte nachhaken, doch Noah fuhr fort, ehe er es konnte. „Wir erleben gerade, wie politische, wirtschaftliche, gesellschaftliche und sicherheitspolitische Spannungen in denselben Wahrnehmungsraum kippen. Und sobald das passiert, wird nicht nur jede Entscheidung schwerer. Auch jedes Zögern bekommt plötzlich weltpolitische Bedeutung." In Genf stand Amina in einem Flur, als endlich die Vorabfassung der institutionellen Stellungnahme eintraf. Sie überflog sie im Gehen, blieb dann abrupt stehen und las den entscheidenden Abschnitt ein zweites Mal. Man erkenne die außergewöhnliche Belastungslage an. Man betone die Notwendigkeit von Deeskalation in allen gesellschaftlichen, wirtschaftlichen und sicherheitspolitischen Sphären. Man halte am Prozess grundsätzlich fest, sehe sich aber gezwungen, das nächste formale Treffen in ein „konsultatives Stabilisierungsformat" umzuwandeln, bis eine tragfähigere Gesamtlage vorliege.

Nicht abgebrochen. Nicht fortgesetzt. Umgebaut unter Druck. Ihr Körper reagierte schneller als ihr Verstand. Sie spürte zuerst die Hitze im Nacken, dann den klaren Gedanken. Genau das war die Form, in der Überlagerung tötete. Nicht frontal, sondern durch den Zwang, alles gleichzeitig zu berücksichtigen, bis von der ursprünglichen politischen Bewegung nur noch ein verwalteter Sicherheitsrest übrig blieb. Noch während sie den Text las, vibrierte ihr Telefon mit einer weiteren Nachricht. Mehrere Delegationen aus dem Machtblock begrüßen die „verantwortungsvolle Kursanpassung“ und fordern als nächsten Schritt eine vollständige Aussetzung aller strukturrelevanten Elemente des Reformpfads. Amina hob den Kopf, sah durch das Fenster auf die Menge draußen und wusste, dass die Überlagerung der Krisen gerade aufgehört hatte, bloßer Hintergrund zu sein. Sie hatte begonnen, den Prozess selbst umzuschreiben. In Manhattan erschien dieselbe Vorabmeldung Sekunden später auf Linas Bildschirm. Im Raum sagte niemand etwas. Dann, fast gleichzeitig, sprang auf einem zweiten Monitor eine Eilmeldung aus einer angespannten Region auf: Nach einem Zwischenfall mit unklarer Ursache haben zwei Staaten ihre Bereitschaft erhöht und warnen vor weiterer Instabilität. Lina las beide Meldungen nebeneinander, den konsultativen Rückbau des politischen Prozesses und die aufgeladene Sicherheitswarnung, und in diesem Moment begriff sie nicht nur, dass mehrere Krisen gleichzeitig liefen. Sie begriff, dass sie begonnen hatten, sich gegenseitig als Rechtfertigung zu benutzen. Genau da klingelte das gesicherte Telefon. Amina. Lina nahm ab. Auf beiden Seiten sagte zuerst niemand etwas, weil beide bereits wussten, dass sie nun in eine Phase eingetreten waren, in der selbst Schweigen wie eine politische Entscheidung wirken konnte. Dann sagte Amina nur einen Satz, und ihre Stimme war so kontrolliert, dass Lina sofort verstand, wie schlimm die Lage war: „Sie verwandeln den Ausnahmezustand gerade in ein Verfahren.“

14. Missverständnisse zwischen Staaten und Institutionen

Das erste Missverständnis wirkte auf dem Papier so klein, dass es in einer ruhigeren Welt von einem Anruf, einer Präzisierung, vielleicht einer halb peinlichen Korrektur hätte aufgefangen werden können, bevor es überhaupt politische Dichte gewann. Doch die Welt war nicht ruhig, und in aufgeladenen Systemen bekommen selbst grammatische Verschiebungen das Gewicht von Absichten. In Genf saß Amina Hassan in einem kleinen Nebenraum mit zwei Mitgliedern ihres Teams und las zum dritten Mal die überarbeitete Formulierung des neuen konsultativen Stabilisierungsformats, das aus dem ursprünglich politischen Treffen hervorgegangen war. Die Nacht hatte die Sprache nicht klarer gemacht. Im Gegenteil. Eine Passage, die für den internen Verteiler gedacht gewesen war und den Zweck hatte, skeptischen Delegationen zu signalisieren, dass das Format keine vorwegnehmende Strukturentscheidung treffe, war in einer frühen Version an mehrere Missionen gegangen, bevor der einschränkende Halbsatz mit dem Verweis auf die spätere politische Anschlussfähigkeit wieder eingefügt worden war. Das war kein bloßer redaktioneller Fehler. Es war genau die Art von Verschiebung, aus der in angespannten Verhältnissen gegensätzliche Wirklichkeiten entstehen. „Wer hat welche Version bekommen?" fragte Amina. Die jüngere Mitarbeiterin scrollte durch eine Verteilerliste. „Nicht alle denselben Stand. Einige Missionen haben die gekürzte Version, andere die korrigierte, und aus New York kam eben die Rückmeldung, dass mindestens zwei Delegationen sich bereits auf die erste Fassung beziehen." Amina legte die Fingerspitzen an die Schläfen, nicht dramatisch, eher wie jemand, der versucht, ein Geräusch aus dem eigenen Kopf herauszudrücken. Genau das war die Gefahr des Übergangs von politischer in institutionelle Krisensprache. Niemand log offen, und trotzdem verschob sich das Feld. Die einen würden sagen, das Format sei ausdrücklich von jeder späteren Strukturdebatte entkoppelt worden. Die anderen würden behaupten, genau diese Entkopplung habe es nie gegeben. Und in der Zeit, die für Klärung nötig gewesen wäre, würden bereits Sprecher vor Kameras stehen und das jeweils Gelesene als Tatsächlichkeit behandeln. Auf dem Bildschirm an der Wand lief stumm ein Nachrichtensender, der die Worte Pause, Stabilisierung und Neubewertung in wechselnden Kombinationen einblendete, als handle es sich um austauschbare Synonyme. Dabei wusste Amina, dass Politik manchmal genau dort kippte, wo Menschen so taten, als seien Begriffe austauschbar. In Brüssel saß zur gleichen Zeit der Staatssekretär des Machtblocks mit einer handvoll Berater vor einer Zusammenfassung jener ersten Version, die in seiner Lesart bereits alles bestätigte, was er seit Tagen intern sagte. „Sie ziehen sich zurück", sagte einer der jüngeren Berater. „Noch nicht", antwortete der Staatssekretär. „Aber sie signalisieren den relevanten Missionen, dass keine Strukturpräjudizierung mehr stattfindet." Die Kommunikationschefin hob den Blick. „Das ist nicht ganz dasselbe." „In dieser Lage", sagte er, „wird es dasselbe, sobald genug Leute es so verstehen." Er meinte das nicht zynisch. Eher wie ein Meteorologe, der eine Wetterfront beschreibt. Für ihn war dies kein böser Trick, sondern die nüchterne Ausnutzung einer Öffnung, die andere fahrlässig hergestellt hatten. Er glaubte wirklich, dass Institutionen in Krisenzeiten präziser sein mussten als Bewegungen, weil ihre Fehler nicht nur moralisch, sondern systemisch wirkten. Dass er diese Präzision nun selbst auf eine Weise las, die dem eigenen Block half, erschien ihm nicht als Widerspruch, sondern als Pflicht. „Wir sollten vorsichtig bleiben", sagte die Kommunikationschefin dennoch. „Wenn später eine andere Fassung auftaucht, wirken wir opportunistisch." Der Staatssekretär sah sie an. „Dann sagen wir, wir haben auf das reagiert, was offiziell zirkulierte. Genau das wird auch stimmen." In Manhattan saß Lina Koran vor einer geteilten Übersicht aus institutionellen Textständen, Presseticker und internen Einordnungen, die David und ein kleines inhaltliches Team in den letzten Stunden zusammengestellt hatten. Auf einem Bildschirm war die erste

Version markiert, auf dem zweiten die korrigierte, auf dem dritten die mediale Verdichtung dessen, was inzwischen daraus geworden war. Einige Kanäle berichteten, die Institution habe faktisch bestätigt, dass der gesamte Reformpfad bis auf Weiteres nur noch entpolitisiert konsultativ weitergeführt werde. Andere betonten, dies sei ein taktischer Rückbau, nicht das Ende der politischen Linie. Wieder andere machten aus der Unklarheit selbst eine Geschichte und fragten, ob die Institution überhaupt noch Herrin ihrer eigenen Sprache sei. Lina las alles, ohne sofort zu sprechen. Sie kannte den Mechanismus aus kleineren Räumen, aus Panels, Interviews, Debatten. Ein unpräziser Satz, eine verkürzte Wiedergabe, eine Zuspitzung, und plötzlich musste man nicht mehr um die Sache kämpfen, sondern um die Rekonstruktion dessen, was überhaupt gesagt worden war. Jetzt geschah das in einer Größenordnung, in der aus Lesarten Staatspositionen wurden. „Ist es ein Fehler oder ein Signal?" fragte einer der Organisatoren. Lina antwortete nicht sofort. Dann sagte sie: „Vielleicht beides. Oder schlimmer. Vielleicht ein Fehler, den jetzt alle als Signal benutzen." David nickte aus dem Lautsprecher. „Die Plattformen helfen nicht. Frühe Versionen verbreiten sich immer schneller als Korrekturen." „Nicht nur Plattformen", sagte Lina. „Auch Menschen wollen in solchen Phasen lieber Bestätigung als Präzision." In Wien bekam Noah Stein genau diese Bestätigungsdynamik in ihrer saubersten medienförmigen Gestalt zu sehen. Eine Redakteurin hatte ihm drei fast gleichlautende Clips vorbereitet: In einem erklärte ein Regierungsvertreter, die Institution habe nun selbst anerkannt, dass jeder Strukturpfad verfrüht sei. Im zweiten sagte ein prozessnaher Kommentator, man halte selbstverständlich am politischen Horizont fest, man habe nur deeskalierend umformuliert. Im dritten behauptete ein konservativer Analyst, das eigentliche Problem sei die institutionelle Sprachverwirrung selbst, die beweise, dass transnationale Reformphantasien in Krisenzeiten unweigerlich in Verantwortungsdiffusion endeten. Noah starrte auf die drei Versionen und dachte, dass sie sich nicht einmal gegenseitig vollständig ausschlossen. Genau das machte die Lage so giftig. Es gab kein einzelnes großes Missverständnis, das man auflösen konnte. Es gab eine Serie partieller Fehllektüren, Vorlektüren, interessengeleiteter Lesarten und institutioneller Unsauberkeiten, die sich gegenseitig verstärkten, bis sich jedes Lager mit gutem Gewissen auf seine eigene Plausibilität zurückzog. „Was ist die Wahrheit?" fragte die Redakteurin. Noah sah sie an, dann auf die Monitore. „Dass die Institution in einer überhitzten Lage versucht, gleichzeitig mehrere Ängste zu bedienen, und dabei nicht mehr kontrolliert, welche Version von Beruhigung wo als politische Kursänderung gelesen wird." „Das ist kein guter Teaser." „Es ist eine gute Katastrophenbeschreibung." In Genf verschärfte sich der Konflikt, als eine Delegation aus einem nicht zum harten Souveränitätskern gehörenden Staat in einer kleineren Runde offen irritiert fragte, ob man sie in den letzten Stunden bewusst mit unterschiedlichen Sprachständen arbeiten lasse. Der Missionsleiter formulierte die Kritik höflich, aber mit jener Härte, die nur in diplomatischen Räumen entsteht, wenn Höflichkeit gerade deshalb präzise sein muss, weil sie sonst als Schwäche gilt. „Wir haben gestern Abend eine Version erhalten, die klar eine Begrenzung auf konsultative Stabilisierung nahelegt", sagte er. „Heute Morgen wird uns gesagt, es gebe weiterhin strukturelle Anschlussfähigkeit. Beides zugleich lässt sich politisch kaum vermitteln." Amina, die an der Stirnseite des Tisches saß, hob den Blick von ihren Unterlagen. „Die Anschlussfähigkeit wurde nicht aufgehoben." Der Mann schüttelte langsam den Kopf. „Vielleicht nicht in Ihrer Absicht. Aber in der Version, die meine Hauptstadt zuerst gesehen hat, verschwindet sie faktisch." Neben ihm schlug eine Delegierte aus Lateinamerika die Beine übereinander und sagte mit kontrollierter Schärfe: „Das Problem ist nicht nur, was verschwunden ist. Das Problem ist, dass manche Hauptstädte bereits handeln, als wäre genau diese Lesart die offizielle Wahrheit." Ein anderer Vertreter warf ein, man könne in einer so sensiblen Lage keine Prozesse führen, wenn die Institution selbst nicht einmal konsistente Signale sende. Amina hörte die Sätze und spürte, wie sich ein tieferer Schaden abzeichnete.

Missverständnisse zwischen Staaten und Institutionen waren in multilateralen Verfahren nichts Ungewöhnliches. Doch normalerweise arbeiteten sie in einer Umgebung, in der Zeit, Diskretion und ein Rest an Großzügigkeit noch Korrektur erlaubten. Jetzt existierte nichts davon mehr. Jede Fehllektüre ging sofort in nationale Briefings, mediale Frames, Marktdeutungen und Sicherheitsbedenken ein. Missverständnisse waren nicht mehr bloß Reibung. Sie waren Beschleuniger. In einer europäischen Hauptstadt las der Staatssekretär im nächsten Augenblick eine interne Auswertung, nach der mehrere Missionen aus dem sogenannten moderaten Lager „zunehmende Unklarheit über die institutionelle Endabsicht" beklagten. Er legte das Papier ruhig auf den Tisch und fragte nach den Reaktionen der Wirtschaftsseite. Ein Berater antwortete, erste Kommentierungen in wirtschaftsnahen Medien deuteten die institutionelle Sprachverwirrung als zusätzliches Risiko. „Gut", sagte die Kommunikationschefin reflexhaft und korrigierte sich sofort. „Nützlich." Der Staatssekretär nickte knapp. Er wusste, wie Worte in solchen Momenten funktionierten. Man durfte nie zu offen zeigen, dass aus einem Missverständnis ein Hebel geworden war. Aber natürlich war es einer. Wenn Regierungen nicht mehr sicher sein konnten, ob die Institution den Prozess entschärfte oder nur anders verpackte, würden sie eher zu offener Härte tendieren. Für ihn war das kein moralisches Problem. Sondern eine Frage staatlicher Rationalität. Staaten hassten nicht nur Veränderung, sie hassten auch Unklarheit über den Status von Veränderung. Und Unklarheit war inzwischen die dominierende politische Ressource. In Toronto saß Mara in einer Mittagspause auf einer Bank zwischen zwei Verwaltungsgebäuden und hörte auf ihrem Telefon nacheinander drei kurze Erklärvideos, die denselben institutionellen Schritt völlig unterschiedlich beschrieben. Im ersten sagte ein bekannter GSC-naher Kommentator, die Institution halte dem Druck stand und sichere nur taktisch den Raum. Im zweiten erklärte eine regierungsnahe Stimme, der Prozess sei in Wahrheit bereits politisch neutralisiert worden. Im dritten behauptete ein unabhängiger Analyst, niemand wisse im Moment seriös, was genau beschlossen sei, und genau das werde weitere Härte hervorbringen. Mara schob das Telefon weg und hatte zum ersten Mal das Gefühl, dass auch ihr eigenes Urteil nicht mehr auf dieselbe Weise funktionierte wie noch vor Wochen. Sie war nicht dümmer geworden. Aber die Wirklichkeit verlangte plötzlich, dass sie gleichzeitig Textkritik, Machtanalyse, Medienkompetenz und Zukunftsangst beherrschte, nur um halbwegs zu verstehen, in welcher politischen Landschaft sie eigentlich stand. Genau darin lag die soziale Wirkung solcher Missverständnisse. Sie zersetzten nicht nur Verhandlungen oben. Sie erschöpften das Urteilsvermögen unten. In Brooklyn verfolgte David zur gleichen Zeit, wie die beiden Versionen des institutionellen Texts in Plattformökologien zirkulierten, die jeweils ihre eigene Wahrheitsgeschwindigkeit hatten. Die kürzere, härtere Lesart lief besser. Nicht weil sie objektiv zutreffender war, sondern weil sie einfacher war. Die korrigierte, differenzierte Fassung brauchte Kontext. Kontext war in Krisen ein Luxusgut. „Wir müssen den Zeitstempel der Versionen sichtbar machen“, sagte Leila. „Bringt uns das was?“ „Vielleicht nicht in den großen Öffentlichkeiten. Aber in den regionalen Knoten schon. Sonst fangen sie an, auf falsche institutionelle Tatsachen politische Reaktionen aufzubauen.“ David nickte. Genau das musste verhindert werden. Nicht, weil Präzision die Krise auflösen würde. Sondern weil falsche Präzision sie beschleunigte. Während sie die Dokumentation der Versionen aufbereiteten, kam eine neue Meldung herein. Ein Staat aus dem erweiterten Machtblock hatte in einem offiziellen Brief an die Institution Bezug auf jene erste Fassung genommen und daraus die Schlussfolgerung gezogen, dass jedes weitere Arbeiten an Strukturoptionen gegen den Geist der jüngsten Klarstellung verstoße. David starrte auf den Brief, dann auf den Zeitstempel. Die Bezugnahme war erfolgt, bevor die Korrektur in allen Kanälen angekommen war. „Sie bauen Politik auf eine Zwischenversion“, sagte Leila. „Ja“, sagte David. „Und in drei Stunden wird es aussehen, als hätten wir alle immer schon darüber gesprochen.“ In Manhattan stand Lina noch immer, als Amina sie auf dem gesicherten Kanal erreichte. Das

Bild war unscharf, der Ton knapp verzögert, als selbst die Technik die Müdigkeit dieses Tages angenommen hätte. „Es wird schlimmer", sagte Amina ohne Einleitung. „Mehrere Missionen tun so, als wäre die erste Version die eigentliche Linie. Andere halten uns jetzt institutionelle Unklarheit vor. Einige Verbündete werden nervös, weil sie ihren Hauptstädten nichts mehr sauber verkaufen können." Lina hörte zu und dachte an die frühen Gespräche aus Band eins, an die ersten diskreten Kontakte, an die lange Arbeit, überhaupt eine Sprache zwischen Bewegung und Institution herzustellen. Sie hatten damals geglaubt, die größte Schwierigkeit sei der Widerstand. Nun zeigte sich eine andere Wahrheit. Selbst geöffnete Kanäle blieben hochgradig verletzlich, wenn die Welt in Panik geriet. „Was brauchst du von uns?" fragte Lina. Amina zögerte für den Bruchteil einer Sekunde. „Nicht noch eine große öffentliche Interpretation. Wenn ihr jetzt zu laut sagt, was die Institution eigentlich gemeint habe, wirken wir sofort wieder wie vorstrukturierte Nähe." Lina nickte. Auch das war die Falle. GSC durfte die Brücke zur Institution nicht so verteidigen, dass ihre Gegner genau darin die Unzulässigkeit der Brücke bestätigt sahen. „Und was dann?" fragte sie. „Genauigkeit im Kleinen", sagte Amina. „Und Glück, das wir nicht haben." Als die Verbindung abbrach, trat Lina an den großen Bildschirm, auf dem gerade eine internationale Debatte lief. Ein Moderator fragte einen ehemaligen Botschafter, ob die widersprüchlichen institutionellen Signale nicht bewiesen, dass die gesamte Reformspur in eine zu komplexe Lage hineingedrückt worden sei. Der Botschafter antwortete mit jener vernünftigen Schwere, die in solchen Momenten fast immer gefährlicher war als offene Polemik. „Ich glaube nicht, dass jemand bösen Willen unterstellen sollte", sagte er. „Aber wenn Staaten und Institutionen in einer Phase multipler Belastung nicht einmal mehr dieselben Texte gleich lesen, dann ist das ein ernstes Warnsignal." Lina sah auf sein Gesicht und hasste den Satz nicht, weil er falsch war. Sondern weil er gerade deshalb so wirksam sein würde, weil er teilweise stimmte. Missverständnisse mussten nicht erfunden werden, um politisch ausgenutzt zu werden. Es reichte, dass sie entstanden, wo die Wirklichkeit zu dicht geworden war. In Genf, nur Minuten später, kam die eigentliche Eskalation. Eine Delegation aus einem Schlüsselstaat legte überraschend eine schriftliche Notiz vor, in der sie unter Verweis auf „die zuletzt erkennbar gewordene institutionelle Kurskorrektur" forderte, das nächste Treffen ausschließlich auf vertrauensbildende Konsultationen ohne jegliche strukturelle Vorbegriffsbildung zu beschränken. Das Dokument war juristisch sauber, politisch verheerend und eindeutig auf die erste Lesart gebaut. Amina nahm das Papier entgegen, überflog die entscheidenden Stellen und fühlte diesmal nicht Hitze, sondern eine sehr klare Kälte. Nicht weil der Text besonders aggressiv gewesen wäre. Sondern weil er zeigte, dass aus Missverständnissen nun harte Verfahrensrealität gemacht wurde. Ein Vertreter am anderen Ende des Tisches sagte leise, fast bedauernd, dass unter solchen Umständen vielleicht tatsächlich eine weitergehende Pause geprüft werden müsse. Ein anderer nickte. Niemand hob die Stimme. Niemand schlug auf den Tisch. Genau das war das Erschreckende. Die Sprache blieb zivilisiert, während der Raum sich unter den Füßen verschob. Amina legte die Notiz langsam auf den Tisch zurück. Draußen hörte man die gedämpften Sprechchöre der Menge, drinnen das trockene Geräusch umgeblätterter Seiten. Dann vibrierte ihr Telefon mit einer neuen Eilmeldung aus New York, und der Text war so kurz, dass er für einen Augenblick unwirklich wirkte: Mehrere Staaten berufen sich inzwischen offiziell auf unterschiedliche Fassungen der institutionellen Stellungnahme. Erste Drohung mit Boykott des nächsten Formats. Amina las die Zeile, hob den Kopf und wusste, dass aus Missverständnissen soeben ein Frontsystem geworden war.

15. Kommunikationsabbrüche und Fehlinterpretationen

Der erste wirkliche Kommunikationsabbruch fühlte sich nicht an wie ein Knall, sondern wie eine Tür, die irgendwo in einem langen Flur leise geschlossen wurde, ohne dass jemand genau sagen konnte, wer sie zugemacht hatte. In Genf saß Amina Hassan in einem Raum mit zwei Telefonleitungen, drei offenen Dokumentversionen und einer Liste von Delegationen, die in den letzten Stunden entweder nicht mehr reagiert oder plötzlich ihre Ansprechpartner gewechselt hatten. Die institutionelle Maschine funktionierte technisch noch, aber ihre inneren Verbindungen begannen zu knirschen. Eine Mission aus Asien hatte eine Rückfrage zur genauen Bedeutung der konsultativen Phase geschickt, dann aber auf die Antwort nicht mehr reagiert. Eine europäische Delegation hatte einen Termin verschoben und gleichzeitig in einer Pressemitteilung erklärt, man habe nie eine verbindliche Einladung zu strukturellen Gesprächen gesehen. Eine lateinamerikanische Gruppe schrieb, ihre Hauptstadt habe eine Interpretation erhalten, die in Genf niemand so formuliert hatte. Es war nicht so, dass niemand mehr sprach. Im Gegenteil. Die Kanäle waren voller Nachrichten, Gespräche, Stellungnahmen, Kommentare. Aber sie liefen nicht mehr zusammen. „Wir verlieren den gemeinsamen Referenzpunkt", sagte die junge Mitarbeiterin neben Amina, während sie durch eine neue Welle diplomatischer E-Mails scrollte. Amina antwortete nicht sofort. Sie wusste, dass dies der Moment war, in dem Prozesse ihre fragile Architektur verloren. Multilaterale Politik lebte davon, dass alle Beteiligten sich auf denselben Grundtext bezogen, selbst wenn sie ihn unterschiedlich interpretierten. Wenn dieser gemeinsame Text zerfiel, entstanden mehrere parallele Wirklichkeiten. Und genau das begann jetzt zu passieren. In Brüssel saß der Staatssekretär des Machtblocks mit einem Telefon am Ohr und hörte sich eine irritierte Stimme aus einer anderen Hauptstadt an, die fragte, ob die Institution tatsächlich versucht habe, die Strukturfrage aus dem Prozess herauszunehmen. „Das ist zumindest die Interpretation, die derzeit zirkuliert", sagte er ruhig. „Aber ist sie korrekt?" Der Staatssekretär machte eine kurze Pause. Er wusste, dass diese Frage politisch wichtiger war als jede klare Antwort. „Die Institution sendet im Moment widersprüchliche Signale", sagte er schließlich. „In solchen Situationen ist Vorsicht immer die vernünftigste Reaktion." Am anderen Ende der Leitung blieb es einen Moment still. Dann sagte die Stimme: „Wir werden unsere Teilnahme am nächsten Format prüfen." Der Staatssekretär legte auf und sah zu seiner Kommunikationschefin. „Sie verlieren das Vertrauen in die institutionelle Klarheit", sagte sie. „Ja", antwortete er. „Und damit gewinnen wir Zeit." In Manhattan saß Lina Koran mit einem Telefon in der Hand, während gleichzeitig drei verschiedene Nachrichtenfenster auf ihrem Bildschirm blinkten. Eine regionale Gruppe aus Osteuropa fragte, ob der Reformprozess offiziell eingefroren sei. Ein Journalist wollte wissen, ob GSC den institutionellen Rückzug als Verrat betrachte. Und eine Delegation aus einem afrikanischen Staat hatte über einen indirekten Kanal nachgefragt, ob die Bewegung weiterhin hinter dem institutionellen Dialog stehe. Lina antwortete auf keine der Nachrichten sofort. Sie wusste, dass jede Formulierung in dieser Phase sofort aus ihrem Kontext gerissen und in eine andere politische Erzählung eingebaut werden konnte. „Die Leute wissen nicht mehr, was tatsächlich passiert", sagte einer der Organisatoren im Raum. Lina nickte langsam. „Und das ist gefährlicher als offene Eskalation." David meldete sich über die Verbindung aus Brooklyn. Hinter ihm liefen noch immer die Infrastrukturmonitore, doch diesmal sah sein Gesicht müder aus als die Technik. „Wir haben ein neues Problem", sagte er. „Welche Art von Problem?" fragte Lina. „Informationsfragmentierung." Lina sah ihn an. „Erklär." David klickte auf eine Übersicht. Auf der Karte waren mehrere Regionen markiert, jede mit einer leicht unterschiedlichen Version der politischen Realität. In einigen Ländern verbreitete sich die Nachricht, der Reformprozess sei faktisch beendet. In anderen hieß es, er gehe in eine ruhigere Phase über. Wieder anderswo glaubten viele Menschen, GSC habe selbst einen strategischen Rückzug angekündigt. „Das passiert, wenn Plattformfilter, Medienrahmen und diplomatische Halbinformationen gleichzeitig arbeiten", sagte David. „Es entstehen lokale Wahrheiten." Lina sah auf die Karte und spürte, wie sich eine neue Art von Druck aufbaute. Sie hatten immer gewusst, dass politische Konflikte durch Narrative geformt wurden. Aber sie hatte nicht erwartet, wie schnell diese Narrative in getrennte Informationsräume auseinanderlaufen konnten. In Wien saß Noah Stein im Studio und hörte, wie ein Produzent gerade eine neue Leitfrage für die nächste Sendung formulierte. „Ist der Reformprozess gescheitert?" Noah hob den Kopf. „Das ist noch nicht entschieden." Der Produzent zuckte mit den Schultern. „Aber viele Menschen glauben es." Noah sah auf die Liste der Nachrichtenmeldungen, die gerade auf seinem Tablet erschienen. Einige sprachen von einer institutionellen Pause, andere von einem politischen Rückzug, wieder andere von einer taktischen Umformung. Keine davon war vollständig falsch. Aber keine davon war vollständig richtig. „Das ist das Problem", sagte Noah leise. „Was?" fragte der Produzent. „Die Realität wird gerade schneller interpretiert, als sie erklärt werden kann." In Genf stand Amina plötzlich auf, als eine neue Nachricht auf ihrem Telefon erschien. Eine Delegation aus einem Schlüsselstaat hatte soeben eine interne Notiz verbreitet, in der sie behauptete, mehrere Institutionen hätten bereits bestätigt, dass strukturelle Reformoptionen bis auf Weiteres ausgesetzt seien. Amina wusste sofort, dass diese Aussage nicht korrekt war. Aber sie wusste auch, dass sie in der aktuellen Lage plausibel klang. „Wir müssen das sofort korrigieren", sagte die Mitarbeiterin neben ihr. Amina schüttelte leicht den Kopf. „Wenn wir jetzt eine Korrektur schicken, wirkt es wie ein Streit zwischen Institution und Staaten." „Und wenn wir nichts tun?" „Dann wird die Fehlinterpretation politisch." In Manhattan sah Lina zur gleichen Zeit eine neue Eilmeldung auf ihrem Bildschirm. Ein großer internationaler Sender berichtete, mehrere Staaten betrachteten den Reformprozess inzwischen als faktisch beendet, auch wenn dies offiziell noch nicht bestätigt worden sei. Lina las den Satz langsam. „Das ist nicht wahr", sagte jemand im Raum. Lina antwortete nicht sofort. Dann sagte sie: „Aber es wird wahr genug sein, um Entscheidungen zu beeinflussen." David meldete sich wieder über Lautsprecher. „Wir sehen gerade einen Effekt", sagte er. „Welchen?" „Lokale Gruppen beginnen, auf die falschen Informationen zu reagieren." Lina sah ihn an. „Wie?" „Einige planen neue Protestaktionen, weil sie glauben, der Prozess sei gestoppt worden. Andere ziehen sich zurück, weil sie denken, alles sei verloren." Lina schloss kurz die Augen. Genau das war der gefährlichste Punkt. Wenn Menschen auf unterschiedliche Versionen der Realität reagierten, konnte jede Handlung plötzlich als Bestätigung einer falschen Geschichte erscheinen. In Brüssel klingelte erneut das Telefon des Staatssekretärs. Diesmal war es ein Minister aus einem Land, das bisher unentschlossen gewesen war. „Wir hören widersprüchliche Dinge aus Genf", sagte die Stimme am anderen Ende. „Ist der Prozess noch aktiv oder nicht?" Der Staatssekretär lehnte sich leicht zurück. „Die Institution versucht offenbar, Zeit zu gewinnen." „Und was bedeutet das politisch?" Der Staatssekretär sah kurz zu seinen Beratern. „Dass Entscheidungen jetzt bei den Staaten liegen." Als das Gespräch endete, öffnete er ein neues Dokument mit einer kurzen Analyse der aktuellen Lage. Darin stand ein Satz, der seine Strategie perfekt zusammenfasste: In Phasen institutioneller Unklarheit gewinnt die Seite, die schneller eine konsistente Interpretation anbietet. In Manhattan sah Lina gerade eine neue Nachricht von Amina auf dem Bildschirm. Nur ein Satz: Wir verlieren die gemeinsame Sprache. Lina las ihn zweimal. Dann sah sie wieder auf die Bildschirme im Raum. Nachrichten, Marktberichte, Protestbilder, diplomatische Statements, alles lief gleichzeitig. Früher hatten sie geglaubt, dass die größte Herausforderung darin bestehen würde, politische Machtstrukturen zu verändern. Jetzt sah sie, dass eine andere Gefahr viel schneller wirkte. Wenn niemand mehr sicher war, welche Version der Realität gültig war, konnte selbst der beste politische Prozess auseinanderfallen. Genau in diesem Moment erschien eine neue Eilmeldung auf mehreren internationalen Nachrichtentickern: Eine Regierung aus dem erweiterten Souveränitätsblock erklärte öffentlich, sie gehe davon aus, dass der Reformprozess de facto beendet sei und ihre Delegation deshalb nicht mehr an weiteren Gesprächen teilnehmen werde. Lina sah auf den Bildschirm und wusste sofort, dass diese Aussage weniger eine Beobachtung als ein Versuch war, die Realität festzuschreiben.

16. Medien verstärken Angst und Lagerlogik

Die Eskalation der Angst begann nicht in den Straßen, nicht in den diplomatischen Räumen und nicht einmal in den Märkten, sondern in den Studios, Redaktionen und Serverräumen, in denen Menschen entschieden, welche Bilder zuerst gezeigt wurden, welche Wörter als Überschrift funktionierten und welche Fragen so gestellt wurden, dass sie bereits eine Antwort enthielten. In Wien saß Noah Stein im Halbdunkel eines Regieraums und sah zu, wie auf der großen Wand aus Monitoren mehrere internationale Sender gleichzeitig in Sondersendungen gingen, als hätten sie sich unbewusst auf denselben dramatischen Rhythmus geeinigt. Die Bildsprache war inzwischen auffallend ähnlich geworden. Immer wieder dieselben Schnitte: Protestierende, die dicht gedrängt vor Polizeiketten standen, dann Gegendemonstranten mit Fahnen und Bannern, dann ein kurzer Ausschnitt aus einem Börsenchart mit roten Zahlen, dann wieder Politiker vor Mikrofonen, die von Verantwortung, Stabilität oder Gefahr sprachen. Jede einzelne Szene war für sich genommen korrekt. Aber zusammen erzeugten sie etwas anderes als Information. Sie erzeugten Atmosphäre. Noah hörte, wie ein Moderator mit ernster Stimme fragte, ob die Welt gerade an einem Punkt stehe, an dem politische Bewegungen die internationale Ordnung destabilisieren könnten, während auf dem Bildschirm hinter ihm gleichzeitig ein Split-Screen mit Demonstrationen in drei Städten lief, die miteinander nichts zu tun hatten außer der Tatsache, dass sie in denselben Stunden stattfanden. „Das Problem ist nicht, dass sie lügen", sagte Noah leise zu der Produzentin neben ihm. „Das Problem ist, dass sie alles gleichzeitig zeigen." Die Produzentin sah ihn kurz an. „Das ist unser Job." Noah nickte langsam. „Ja. Und genau deshalb verstärken wir gerade die Logik der Lager." In Manhattan verfolgte Lina Koran dieselben Bilder auf einer Reihe von Bildschirmen, während im Raum um sie herum mehrere Menschen versuchten, aus der Flut von Kommentaren und Berichten eine halbwegs stabile Einschätzung zu ziehen. Ein

Analyst klickte durch internationale Nachrichtenseiten und zeigte, wie sich innerhalb weniger Stunden zwei klar erkennbare narrative Linien gebildet hatten. Auf einigen Plattformen wurden die Proteste als Zeichen einer wachsenden globalen demokratischen Bewegung dargestellt, die von konservativen Regierungen blockiert werde. Auf anderen dominierten Überschriften, die vor einer gefährlichen transnationalen Mobilisierung warnten, die Institutionen unter Druck setze und Märkte destabilisiere. „Sie haben den Konflikt jetzt vollständig in zwei Geschichten übersetzt", sagte der Analyst. Lina sah auf die Schlagzeilen und spürte eine Müdigkeit, die tiefer ging als körperliche Erschöpfung. „Das passiert immer", sagte sie. „Aber diesmal passiert es schneller." David meldete sich über den Bildschirm aus Brooklyn. „Nicht nur schneller", sagte er. „Algorithmen verstärken es." Lina sah ihn an. „Erklär." David klickte auf eine Übersicht aus Plattformdaten. „In emotional aufgeladenen Situationen werden Inhalte, die starke Reaktionen auslösen, stärker verbreitet. Angst, Empörung, moralische Klarheit. Alles, was kompliziert klingt, verliert." Lina betrachtete die Grafik. „Also gewinnt die einfachste Geschichte." „Und die lauteste", sagte David. In Genf saß Amina Hassan in einem kleinen Büro, während sie eine Zusammenstellung internationaler Medienberichte über den Reformprozess las. Einige Artikel beschrieben die Institution als überfordert und widersprüchlich, andere als mutig, weil sie versucht habe, den politischen Raum trotz Druck offen zu halten. Wieder andere stellten die gesamte Reformidee als gefährliches Experiment dar, das in einer Zeit multipler Krisen unverantwortlich sei. Amina legte das Tablet kurz beiseite und sah aus dem Fenster auf den Platz vor dem Gebäude, auf dem sich noch immer Menschen versammelten. Sie wusste, dass viele von ihnen ihre Informationen aus genau diesen Medien bezogen. Und sie wusste, dass jede neue Schlagzeile ihre Erwartungen verändern konnte. Wenn Medien einen Konflikt als existenziell beschrieben, begannen Menschen, ihn auch so zu erleben. Wenn sie ihn als Kampf zwischen zwei Lagern darstellten, suchten sich die meisten automatisch eine Seite. Genau dort lag die politische Gefahr. Der

Reformprozess war nie als Lagerkampf gedacht gewesen. Er sollte ein Raum sein, in dem neue institutionelle Formen entstehen konnten. Aber jetzt wurde er in den Medien immer häufiger als Auseinandersetzung zwischen Bewegung und Staaten dargestellt, als wäre die Welt auf zwei moralisch eindeutige Positionen reduziert. In Brüssel sah der Staatssekretär des Machtblocks eine Zusammenfassung internationaler Medienreaktionen, die seine Berater gerade vorbereitet hatten. Er überflog mehrere Artikel und blieb an einer Überschrift hängen: Globale Bewegung oder globales Risiko? Der Text darunter analysierte die wachsende Polarisierung zwischen Befürwortern und Gegnern des Reformprozesses. „Das hilft uns", sagte einer der Berater. Der Staatssekretär schüttelte leicht den Kopf. „Es hilft niemandem." „Aber es stärkt unsere Position." „Vielleicht kurzfristig." Der Berater sah ihn überrascht an. „Sie klingen, als hätten Sie Zweifel." Der Staatssekretär legte den Artikel auf den Tisch. „Ich habe keine Zweifel daran, dass Staaten Stabilität schützen müssen", sagte er ruhig. „Aber wenn politische Konflikte nur noch als moralische Lager dargestellt werden, verliert jede Seite die Fähigkeit zu Kompromissen." In Wien lief die Sendung inzwischen live. Noah saß vor der Kamera und hörte, wie der Moderator ihn fragte, ob Global System Change nicht inzwischen zu einem Symbol für eine tiefe Spaltung der Welt geworden sei. Noah wusste, dass diese Frage bereits Teil der Lagerlogik war. Wenn er zu sehr verteidigte, würde er wie ein Aktivist wirken. Wenn er zu kritisch klang, würde er als Gegner interpretiert werden. „Ich glaube nicht, dass die Welt in zwei einfache Lager zerfällt", sagte er schließlich. „Ich glaube, sie hat mehrere Ängste gleichzeitig." Der Moderator nickte höflich, aber Noah sah in seinem Blick, dass diese Antwort weniger gut funktionierte als eine klare Polarisierung. Komplexität war kein gutes Fernsehformat. In Toronto saß Mara wieder mit ihrem Telefon auf der Bank und sah sich einen kurzen Videoclip an, der bereits Millionen Aufrufe hatte. Darin wurde behauptet, der Reformprozess sei von einer radikalen globalen Bewegung gekapert worden, während ein anderer Clip behauptete, Regierungen hätten eine historische demokratische Chance sabotiert. Beide Videos wirkten überzeugend. Beide ließen wichtige Teile der Realität weg. Mara spürte, wie sich in ihrem Kopf ein innerer Druck aufbaute. Sie wollte verstehen, was wirklich geschah. Aber jede neue Information schien sie stärker in eine Richtung zu ziehen. Genau das war der Effekt der medialen Lagerlogik. Menschen wurden nicht nur informiert, sie wurden positioniert. In Manhattan sah Lina plötzlich eine neue Entwicklung auf einem der Bildschirme. Ein besonders emotionaler Kommentar eines bekannten politischen Influencers verbreitete sich gerade in mehreren Sprachen gleichzeitig. Darin wurde behauptet, die Institutionen hätten endgültig vor staatlichem Druck kapituliert und nur eine massive globale Mobilisierung könne den Prozess noch retten. Lina sah den Clip und wusste sofort, dass er gefährlich war. Nicht weil er vollständig falsch war, sondern weil er die komplexe Lage auf eine moralische Schlacht reduzierte. „Das wird die Straßen wieder anheizen", sagte einer der Organisatoren. David nickte aus dem Bildschirm. „Und gleichzeitig die Gegenseite." Lina sah auf die wachsenden Zahlen der Videoaufrufe. In wenigen Minuten würden Millionen Menschen diese Interpretation sehen. Sie würden reagieren, diskutieren, protestieren, sich positionieren. Und jede dieser Reaktionen würde wiederum neue Schlagzeilen erzeugen. „Die Medien beschleunigen den Konflikt", sagte jemand im Raum. Lina schüttelte leicht den Kopf. „Nein." Alle sahen sie an. „Sie spiegeln ihn", sagte sie leise. „Und der Spiegel vergrößert ihn." In Genf vibrierte Aminas Telefon mit einer neuen Nachricht aus einer Delegation. Ein Regierungsvertreter fragte, ob die Bewegung tatsächlich plane, ihre Unterstützer weltweit zu mobilisieren, um die Institution unter Druck zu setzen. Amina starrte einen Moment auf den Bildschirm. Sie wusste, woher diese Frage kam. Aus einem Video. Aus einer Schlagzeile. Aus einer Interpretation. Sie tippte eine kurze Antwort: Es gibt keine solche Entscheidung. Doch noch während sie die Nachricht abschickte, erschien auf dem Fernseher im Raum eine neue Eilmeldung: In mehreren Städten hätten Aktivistengruppen bereits angekündigt, ihre Proteste zu verstärken, um den

Reformprozess zu verteidigen. Amina sah auf den Bildschirm und spürte, wie sich ein kalter Gedanke in ihrem Kopf formte. Wenn Medien eine Situation als Lagerkampf darstellten, begannen Menschen, sich entsprechend zu verhalten. Genau in diesem Moment erschien auf mehreren internationalen Kanälen eine neue Debatte mit der Frage, die inzwischen überall gestellt wurde: Steht die Welt vor einer Entscheidung zwischen staatlicher Stabilität und globaler Demokratiebewegung? Lina sah auf diese Worte und wusste sofort, dass sie gefährlicher waren als jede einzelne Demonstration. Denn sobald Menschen glaubten, es gebe nur noch diese zwei Seiten, würde jede Handlung als Teil dieses Kampfes gelesen werden. Und dann würde es immer schwieriger werden, einen Weg dazwischen zu finden.

17. Bewegung und Institution geraten gleichzeitig unter Druck

Am Morgen war es noch möglich gewesen, so zu tun, als stünden Bewegung und Institution auf unterschiedlichen Seiten derselben historischen Schwelle, als könne die eine Druck erzeugen, während die andere Form schuf, als wären ihre Risiken verwandt, aber nicht identisch. Bis zum späten Nachmittag war diese Illusion verschwunden. In Manhattan saß Lina Koran vor einer Übersicht, die längst nicht mehr zwischen externen und internen Bedrohungen unterschied, weil die Ereignisse begonnen hatten, diese Grenze selbst aufzulösen. Neue Gruppen meldeten sich weiterhin bei Global System Change, aber ihre Fragen klangen anders als noch vor wenigen Tagen. Sie fragten nicht mehr nur, wie sie sich einbringen könnten, wie lokale Treffen aufgebaut würden oder welche Sprache der Bewegung in ihrer Region sinnvoll sei. Sie fragten, ob der Prozess bereits gescheitert sei, ob die Institution GSC noch als legitimen Gesprächspartner sehe, ob Demonstrationen nun notwendig oder schädlich seien, ob wirtschaftliche Unsicherheit ihre Forderungen diskreditiere, ob die Bewegung sich gegen Staaten oder mit Institutionen positionieren müsse. Jede dieser Fragen schob einen Teil der Last von den politischen Gegnern auf die Bewegung selbst zurück. „Sie wollen Orientierung“, sagte der Analyst am Ende des Tisches. Lina sah weiter auf den Bildschirm. „Nein“, sagte sie leise. „Sie wollen Sicherheit. Orientierung wäre leichter.“ Auf einem zweiten Monitor liefen Stellungnahmen aus Genf, in denen Sprecher der Institution angestrengt präzise formulierten, dass der Prozess weder beendet noch unverändert fortgesetzt werde, dass man auf die Gesamtlage reagiere, ohne die historische Notwendigkeit von Reformgesprächen aufzugeben, dass Deeskalation und Anschlussfähigkeit gleichzeitig gedacht werden müssten. Es war gute Sprache für eine schlechte Lage. Und Lina wusste, dass selbst gute Sprache in solchen Momenten eine Grenze hatte. Je größer die

Angst, desto kleiner der Raum, in dem differenzierte Sätze wie Handlungsfähigkeit klangen. David war aus Brooklyn zugeschaltet, das Gesicht schärfer als alles hinter ihm, als bestünde sein Körper nur noch aus Blickrichtung. „Wir verlieren weiter keine Infrastruktur", sagte er. „Aber wir verlieren Vertrauen in die Stabilität der Verbindung. Das ist fast schlimmer." Lina hob den Kopf. „Wo am stärksten?" „Dort, wo institutionelle Unklarheit und lokale Gegenmobilisierung zusammenlaufen. Menschen wissen nicht mehr, ob sie die Bewegung schützen, der Institution helfen oder beides gerade gefährden." Lina nickte kaum merklich. Genau das hatte sie gefürchtet, seit klar war, dass der Machtblock nicht nur auf Abbruch, sondern auf moralische Überdehnung des Gegners setzen würde. Wenn GSC sich zu eng an die Institution anschmiegte, würde man sagen, die Bewegung habe sich in einen informellen Machtapparat verwandelt. Wenn sie sich von ihr distanzierte, drohte der mühsam geöffnete Übergang zwischen Straße und Verfahren zu reißen. In Genf spürte Amina Hassan dieselbe Zange, nur von innen. Der Korridor vor den Sitzungssälen war voller Menschen, die alle so taten, als läge ihre Aufgabe darin, Ordnung in den Tag zu bringen, während ihre eigentliche Funktion längst darin bestand, in einer Welt des beschleunigten Misstrauens noch irgendeine Form von Anschluss zu sichern. Eine Mitarbeiterin aus ihrem Team hatte Augenringe, die nicht mehr von Schlafmangel allein kamen, und reichte ihr eine aktualisierte Übersicht der Positionen. Mehrere Delegationen, die noch am Vortag auf einem schmalen Mittelweg hatten gehalten werden können, verlangten nun schriftliche Klarstellungen zur Rolle zivilgesellschaftlicher Akteure, zur Begrenzung öffentlicher Erwartungsdynamik und zur temporären Entpolitisierung des Formats. Andere Delegationen, gerade jene, die den Reformprozess aus normativen Gründen unterstützten, reagierten inzwischen nervös auf genau diese Begrenzungen und warnten davor, dass eine Institution, die sich unter Druck semantisch selbst amputiere, am Ende nur noch eine verwaltete Leerstelle produziere. Amina las beide Linien und dachte, dass sie diesmal nicht gegeneinander liefen, sondern gleichzeitig die Institution von zwei Seiten aushöhlten. Wer mehr Vorsicht verlangte, drohte die politische Substanz zu töten. Wer mehr Mut verlangte, riskierte den offenen Bruch. „Sie geraten unter Druck, weil sie öffnen", sagte der junge Mitarbeiter an ihrer Seite. „Und wir geraten unter Druck, wenn wir nicht weit genug öffnen." Amina faltete die Übersicht zusammen, ohne sie wegzulegen. „Nein", sagte sie. „Wir geraten unter Druck, weil jetzt alle aus derselben Lage unterschiedliche Beweise ziehen." Im großen Sitzungssaal sprach ein Vertreter eines moderaten Staates in jener kontrollierten Langsamkeit, die Delegierte verwenden, wenn sie wissen, dass jeder Satz in mehrere Hauptstädte weitergetragen werden wird. Er sagte, man dürfe einen ohnehin fragilen Prozess nicht weiter durch Bewegungsdynamik überlasten. Unmittelbar danach sagte eine Delegierte aus Lateinamerika, man dürfe eine bereits begonnene Öffnung nicht durch ein Übermaß an institutioneller Selbstfurcht entwerten. Beide klangen vernünftig. Beide schoben die Institution in eine andere Richtung. Amina saß dazwischen und wusste, dass Vernünftigkeit in solchen Phasen kein Schutz gegen Eskalation war. Im Gegenteil. Sie war oft deren eleganteste Form. In Wien verfolgte Noah Stein die gleiche doppelte Druckbewegung durch die mediale Form, die sie besonders zerstörerisch machte. In den Studios, Kommentarspalten und Livestreams hatte sich innerhalb weniger Stunden eine neue Lesart etabliert: Nicht mehr nur Bewegung gegen Staaten, sondern Bewegung und Institution als miteinander verkettete Problemzone. Für die Gegner von GSC war die Sache einfach genug zu erzählen. Eine transnationale Bewegung habe eine ohnehin fragile Institution in einen Prozess gedrängt, den sie nun unter globalem Protestdruck nicht mehr souverän steuern könne. Für viele Unterstützer der Reformidee lautete die Erzählung anders, aber nicht weniger zugespitzt. Eine verängstigte Institution knicke vor Staaten ein und lasse gerade jene Bewegung im Regen stehen, die ihr überhaupt erst historische Relevanz verschafft habe. Noah sah auf zwei zusammengeschnittene Beiträge, die inhaltlich gegensätzlich waren und doch dieselbe Struktur hatten. In beiden wurde die Verbindung zwischen GSC und dem institutionellen Prozess als entscheidendes Nervenzentrum der Krise dargestellt. Einmal als illegitime Verklammerung von Straße und Verfahren. Einmal als moralisch notwendige Allianz, die nun von Staaten angegriffen werde. Was in beiden Fällen verschwand, war der eigentliche Zwischenraum, in dem sich Geschichte meistens abspielte: Unsicherheit, Improvisation, begrenzte Handlungsfähigkeit, Missverständnisse, Haltearbeit, Takt, Angst, Verantwortung ohne Souveränität. „Sie machen daraus ein Paar", sagte er zur Redakteurin neben sich. „Was meinst du?" „Bewegung und Institution. Entweder als toxische Verbindung oder als verratene Hoffnung. Aber immer als Einheit. Das ist falsch und trotzdem wirksam." Die Redakteurin nickte, ohne aufzusehen. „Weil Menschen Verhältnisse lieber personalisieren als Prozeduren verstehen." Noah schwieg. Es war nicht nur Personalisierung. Es war Sehnsucht nach einer lesbaren Front. Je komplizierter die Lage, desto stärker der Druck, sie in eine symbolische Beziehung zu pressen. In Brüssel las der Staatssekretär des Machtblocks einen Bericht, der genau diesen Druck nüchtern beschrieb. Darin stand, mehrere Medien und politische Kommentatoren behandelten inzwischen die Frage, ob internationale Institutionen sich von GSC distanzieren müssten, als Lackmustest für staatliche Rationalität. Parallel dazu wachse auf der anderen Seite die Erwartung, die Institution müsse der Bewegung beweisen, dass ihr Eintritt in den politischen Raum nicht nur instrumental gewesen sei. „Sie geraten beide unter Zwang", sagte die Kommunikationschefin. Der Staatssekretär legte den Bericht beiseite. „Ja", sagte er. „Und je enger sie zusammenrücken, desto besser für uns. Je sichtbarer sie sich voneinander lösen, ebenfalls." Die Beraterin sah ihn einen Augenblick lang an, als wolle sie prüfen, ob er die Härte seiner eigenen Analyse hörte. Er hörte sie. Aber er glaubte nach wie vor, dass genau diese Konstellation die Gefahr offenlegte, vor der er seit Beginn gewarnt hatte. Wenn Bewegungsenergie und institutionelle Verfahren zu schnell ineinandergriffen, drohte ein hybrider Raum zu entstehen, der sich für Unterstützer nach

Demokratisierung anfühlte und für Staaten wie informelle Entmachtung. Dass dieser hybride Raum nun beidseitig unter Druck geriet, erschien ihm nicht als Unglück, sondern als verspätete Erkenntnis der Systemrealität. In Toronto saß Mara während einer kurzen Pause in ihrem Büro und öffnete nacheinander zwei Nachrichtenstränge. In der lokalen GSC-Gruppe schrieb jemand, die Institution lasse sich einschüchtern und die Bewegung müsse ihr Rückgrat zeigen. In einer Familiengruppe schrieb ihr Cousin, er habe im Fernsehen gehört, dass diese globale Bewegung jetzt sogar internationale Gremien blockiere und man froh sein müsse, wenn Regierungen einschritten. Mara legte das Telefon weg und spürte dieselbe Erschöpfung wie in den letzten Tagen, nur stärker. Nicht weil sie keine Meinung hatte. Sondern weil jede Meinung inzwischen wirkte, als müsse sie sofort ein vollständiges Lager mitliefern. Sie dachte an die ersten GSC-Treffen, die sie online verfolgt hatte, an die Ruhe, mit der dort über Maßstäbe, globale Zuständigkeit und politische Reife gesprochen worden war. Und nun schien alles in die entgegengesetzte Richtung gezogen zu werden. Die Bewegung sollte beweisen, dass sie kein Apparat war, während sie zugleich genug Kohärenz behalten musste, um nicht wie Chaos zu erscheinen. Die Institution sollte beweisen, dass sie unabhängig war, während sie zugleich nicht so viel Distanz erzeugen durfte, dass der gesamte Reformpfad wie ein Fehler wirkte. Es war, als würden beide Seiten an Prüfungen gemessen, die einander widersprachen. In Manhattan erhielt Lina eine kurze vertrauliche Nachricht aus einem institutionellen Umfeld, nicht direkt von Amina, sondern aus einer jener Zwischenzonen, in denen Menschen noch miteinander sprachen, wenn sie schon nicht mehr offen füreinander sprechen konnten. Der Satz lautete: Einige in Genf sagen inzwischen, die Bewegung müsse ein sichtbares Zeichen von Zurückhaltung senden, sonst kippt der Raum. Lina las die Worte und ließ das Telefon einen Moment in der Hand. Sichtbares Zeichen von Zurückhaltung. Es war genau die Art von Bitte, die in einer normalen Lage vielleicht klug gewesen wäre und in dieser Lage fast unlösbar klang. Wenn GSC nun öffentlich auf

Mobilisierung verzichtete, würden viele Unterstützer das als Einknicken lesen und Gegner als Beleg dafür, dass die Bewegung doch zentral steuerbar sei. Wenn sie nichts änderte, konnte die Institution daraus ableiten, dass der gesellschaftliche Druck ihre Verfahrensräume weiter kontaminierte. David sah ihren Blick. „Was ist?" Sie las ihm den Satz vor. Er antwortete nicht sofort. Dann sagte er: „Das ist die höfliche Version von: Hilf uns, indem du dich kleiner machst." Lina nickte langsam. „Und gleichzeitig die Einladung, so auszusehen, als hätten wir die Macht, die sie uns vorwerfen." Im Raum sagte niemand etwas. Das war das Problem an Reife in politischen Krisen. Sie klang selten heroisch. Oft klang sie wie Selbstbegrenzung unter feindlicher Beobachtung. Lina dachte an Band zwei, an die Momente, in denen sie begriffen hatte, dass Worte und Taktik nicht nur Ausdruck, sondern Lastverteilung waren. Damals war der Preis schon spürbar gewesen. Jetzt wurde er global. Auf dem Bildschirm tauchte Amina auf, nur für wenige Minuten, zwischen Räumen und Gesprächen, mit jenem konzentrierten Gesicht, das noch schärfer wirkte, wenn sie unter Druck stand. „Ich sage das nicht offiziell", begann sie, noch bevor die Verbindung ganz stabil war. „Dann ist es wahrscheinlich wichtig", sagte Lina. Amina ignorierte den Versuch einer Erleichterung. „Der Raum kippt nicht nur wegen der Staaten. Er kippt, weil manche hier inzwischen glauben, die Institution müsse ihre Unabhängigkeit performativ zurückerobern." Lina verstand sofort. „Indem sie uns sichtbar auf Distanz hält." „Ja." „Und andere?" „Andere glauben, wenn diese Distanz zu sichtbar wird, ist der gesamte historische Sinn des Prozesses beschädigt." Lina atmete einmal tief durch. „Also geraten wir gleichzeitig unter Druck, weil wir da sind, und ihr geratet unter Druck, weil wir da waren." Amina sah sie an. „Ja." Der Satz blieb zwischen ihnen, schwerer als vieles, was in den letzten Tagen gesagt worden war, weil er keinen Feind mehr brauchte, um wahr zu sein. Genau dort lag die neue Lage. Der Machtblock verstärkte sie, die Medien gaben ihr Form, die Märkte und Sicherheitsdeutungen lieferten ihr zusätzliche Schwere. Aber im Zentrum stand nun ein tatsächliches Strukturproblem: Wie hält man eine notwendige Verbindung zwischen gesellschaftlicher Bewegung und institutioneller Öffnung aufrecht, wenn genau diese Verbindung der Angriffspunkt aller ist, die die Zukunft wieder in alte Zuständigkeiten zurückziehen wollen? „Was brauchst du?" fragte Lina. Amina sah kurz zur Seite, als würde sie im Flur etwas hören. „Noch nicht die große Geste", sagte sie. „Und nicht die große Kränkung. Wenn ihr jetzt so sprecht, als seien wir euch etwas schuldig, verliere ich hier den halben Raum. Wenn wir so sprechen, als seien wir euch nichts schuldig, verlieren wir den anderen halben." „Also wieder Genauigkeit unter Druck", sagte Lina. „Jetzt unter doppeltem", antwortete Amina. Die Verbindung ruckelte, fing sich wieder. David lehnte sich nach vorn. „Wir können in den regionalen Leitlinien stärker auf institutionelle Eigenständigkeit hinweisen, ohne Distanztheater daraus zu machen." Amina nickte kaum. „Das könnte helfen. Aber nur, wenn es nicht wie einstudierte Trennung aussieht." „Es ist absurd", sagte David. „Natürlich ist es absurd", sagte Amina. „Willkommen im historischen Maßstab." Dann brach die Verbindung für einen Moment ab, das Bild fror ein und verschwand. Im selben Augenblick sprang auf einem der Nachrichtenschirme eine neue Analyse auf, in der ein prominenter Kommentator erklärte, internationale Institutionen würden nun zeigen müssen, ob sie sich von Bewegungsdruck lösen könnten. Fast gleichzeitig erschien auf einem anderen Kanal ein Beitrag, der fragte, ob dieselben Institutionen die Menschen im Stich ließen, die sie ins 21. Jahrhundert gedrängt hätten. Lina sah beide Überschriften nebeneinander und hätte fast gelacht, wenn ihr nicht so kalt geworden wäre. Zwei gegensätzliche Vorwürfe, beide bereits in der Welt, beide geeignet, Verhalten zu erzwingen. In Genf trat Amina wenige Minuten später aus dem Raum in einen Flur, in dem ihr ein Delegierter entgegenkam, sonst moderat, heute sichtbar gereizt. „Sie müssen verstehen", sagte er, ohne Einleitung, „dass viele Hauptstädte im Moment nicht mehr unterscheiden, ob sie mit einer Institution oder mit einer Bewegung verhandeln." Bevor Amina antworten konnte, kam von der anderen Seite eine Delegierte auf sie zu, die ihr mit kontrollierter Schärfe vorwarf, die Institution dürfe sich jetzt nicht hinter einer künstlichen Neutralität verstecken, wenn sie nicht das politische Vertrauen der letzten Monate zerstören wolle. Für einen Moment stand Amina zwischen beiden, tatsächlich und symbolisch, und wusste, dass genau dies der Zustand des Prozesses geworden war. Nicht Brücke, nicht Lager, sondern Zugkraft von zwei Seiten. Als sie später in einen kleineren Besprechungsraum zurückkam, lag dort bereits der Entwurf einer neuen Stellungnahme. Darin hieß es, um die Integrität institutioneller Verfahren zu sichern, müsse die Rolle externer Akteure im nächsten Format deutlicher geklärt werden. Amina las den Satz einmal, dann noch einmal. Externe Akteure. Noch vor wenigen Tagen wäre das eine technische Kategorie gewesen. Jetzt war es eine Grenzmarkierung. In Manhattan erschien fast gleichzeitig eine Warnmeldung aus einem internen Beobachtungskanal: Mehrere einflussreiche Stimmen im GSC-Umfeld interpretieren die institutionelle Vorsicht bereits als Distanzierung; Forderungen nach härterer öffentlicher Antwort nehmen zu. Lina sah den Satz, dann auf Amina letztes eingefrorenes Bild in ihrem Kopf, dann auf David, der sofort verstand, ohne dass sie etwas sagen musste. Bewegung und Institution gerieten nicht mehr nur parallel unter Druck. Sie wurden gegeneinander in Stellung gebracht. Und genau in diesem Moment vibrierte auf Linas Tisch das gesicherte Telefon mit einer Prioritätsmarkierung, die sie in den letzten Monaten nur selten gesehen hatte. Die Nachricht kam aus Genf und bestand aus einem einzigen Satz: Erste Delegationen verlangen jetzt formell, dass GSC aus jeder prozessrelevanten Vorstrukturierung ausgeschlossen wird.

18. Erste reale Nähe zur Katastrophe

Die Nähe zur Katastrophe begann nicht mit einer Explosion, nicht mit Sirenen und nicht mit einem einzelnen dramatischen Ereignis, sondern mit einem stillen Zusammenrutschen mehrerer Linien, die sich bisher nur berührt hatten. In Genf bemerkte Amina Hassan es zuerst an der Art, wie die Gespräche klangen. Die Stimmen waren nicht lauter geworden. Sie waren ruhiger geworden, präziser, vorsichtiger, und genau das machte die Situation gefährlicher. Wenn Menschen in multilateralen Räumen aufhörten zu improvisieren und begannen, Sätze so zu formulieren, dass sie später als Protokollstellen zitiert werden konnten, bedeutete das fast immer, dass sie sich auf einen möglichen Bruch vorbereiteten. Auf dem Tisch vor ihr lagen drei Dokumente. Eines war eine vorsichtige institutionelle Klarstellung über die Rolle externer Akteure. Das zweite war eine diplomatische Note aus einem Staat des erweiterten Souveränitätsblocks, der forderte, dass alle weiteren Gespräche ausschließlich zwischen staatlichen Vertretern geführt werden müssten. Das dritte war eine interne Analyse, die warnte, dass mehrere moderat unterstützende Staaten bei weiterer Eskalation ihre Teilnahme überdenken könnten. Jede dieser Positionen für sich war noch kein Bruch. Zusammen ergaben sie eine Struktur, die sich gefährlich anfühlte. „Wenn einer jetzt geht, folgen andere", sagte der Mitarbeiter neben ihr. Amina sah auf die Dokumente. „Nicht sofort", antwortete sie. „Aber sie beginnen, ihre Optionen vorzubereiten." In Manhattan saß Lina Koran mit verschränkten Armen vor einer Reihe von Bildschirmen, während im Raum eine ungewöhnliche Stille herrschte. Niemand sprach laut, niemand diskutierte, alle beobachteten nur. Auf einem Bildschirm lief eine Liveübertragung aus einem Hafen, in dem Arbeiter streikten, weil eine neue wirtschaftliche Unsicherheit ihre Verträge bedrohte. Auf einem anderen sah man Demonstrationen, die sich gegenseitig beschimpften, obwohl sie nur wenige Straßen voneinander entfernt stattfanden. Auf einem dritten erschien eine Nachricht über steigende Risikoaufschläge in mehreren

Finanzmärkten. „Das alles hängt zusammen", sagte jemand im Raum. Lina antwortete nicht sofort. Sie wusste, dass genau diese Gleichzeitigkeit der gefährliche Punkt war. Politische Krisen waren normalerweise isolierbar. Wirtschaftliche Spannungen konnten diplomatisch moderiert werden. Proteste konnten lokalisiert werden. Aber wenn mehrere Systeme gleichzeitig unter Druck gerieten, begann das Gleichgewicht selbst zu wackeln. David war aus Brooklyn zugeschaltet und sah ungewöhnlich angespannt aus. „Wir sehen eine neue Dynamik in den Plattformdaten", sagte er. Lina sah ihn an. „Welche?" „Sicherheitsdiskussionen." Lina runzelte die Stirn. „Militärisch?" „Nicht direkt. Aber die Sprache verändert sich. Menschen sprechen plötzlich über Stabilität, Ordnung, Notmaßnahmen." Lina spürte, wie sich ein kalter Gedanke in ihrem Kopf festsetzte. Wenn gesellschaftliche Diskussionen begannen, die Sprache von Sicherheitslogiken zu übernehmen, bedeutete das, dass die Krise eine neue Ebene erreicht hatte. In Wien saß Noah Stein in einem kleinen Studio, in dem die Beleuchtung heller war als sonst. Ein Redakteur hatte beschlossen, dass die Situation eine visuell intensivere Darstellung brauche. Auf dem Bildschirm hinter Noah lief eine Karte mit mehreren blinkenden Markierungen: Proteste, wirtschaftliche Unsicherheiten, diplomatische Spannungen. „Viele Menschen fragen sich jetzt, ob diese Entwicklungen miteinander verbunden sind", sagte der Moderator. Noah sah auf die Karte und wusste, dass die ehrliche Antwort komplizierter war als jede Fernsehdiskussion. „Sie verstärken sich", sagte er. „Das ist der entscheidende Punkt." Der Moderator nickte. „Sie meinen, eine Krise erzeugt die nächste?" „Nicht direkt", antwortete Noah. „Aber sie verändert die Wahrnehmung. Wenn Menschen glauben, dass mehrere Systeme gleichzeitig unsicher werden, reagieren sie vorsichtiger, misstrauischer. Und genau das kann die Krise beschleunigen." In Brüssel saß der Staatssekretär des Machtblocks vor einem Bildschirm, auf dem mehrere Sicherheitsanalysen liefen. Eine davon zeigte eine steigende Nervosität in militärischen Beobachtungsnetzwerken. Noch keine konkreten Zwischenfälle, aber eine zunehmende Zahl von Übungen, Manövern und strategischen Signalen. „Das ist eine typische Spirale“, sagte einer der Berater. „Jede Seite will zeigen, dass sie vorbereitet ist.“ Der Staatssekretär nickte langsam. „Und jede Seite interpretiert die Vorbereitung der anderen als Risiko.“ Er lehnte sich zurück und dachte an die letzten Wochen. Er hatte immer argumentiert, dass politische Systeme in Zeiten globaler Unsicherheit Stabilität priorisieren würden. Jetzt begann sich genau das zu zeigen. Staaten reagierten auf Druck nicht nur mit diplomatischen Mitteln, sondern auch mit symbolischer Sicherheitslogik. Nicht weil sie Krieg wollten, sondern weil sie Kontrolle demonstrieren mussten. In Genf hörte Amina plötzlich ein neues Geräusch im Flur. Es war kein lautes Geräusch, eher ein verändertes Tempo. Menschen gingen schneller, Stimmen waren kürzer, Gespräche endeten abrupt. Sie öffnete die Tür ihres Büros und sah zwei Delegierte, die gerade aus einem Nebenzimmer kamen und ungewöhnlich angespannt wirkten. Einer von ihnen sagte leise: „Wenn diese Demonstrationen weiter eskalieren, wird meine Regierung nicht mehr argumentieren können, dass der Prozess stabil bleibt.“ Amina blieb stehen. Dieser Satz war kein offizieller Bruch. Aber er war ein Signal. In Manhattan blinkte auf einem Bildschirm eine neue Eilmeldung auf. Eine große Nachrichtenagentur berichtete, dass mehrere Staaten begonnen hätten, militärische Kommunikationskanäle zu überprüfen, um mögliche Missverständnisse in der aktuellen Lage zu vermeiden. Lina sah die Meldung und wusste sofort, dass sie in der Öffentlichkeit falsch interpretiert werden würde. Sicherheitsüberprüfungen waren in Krisenzeiten normal. Aber in einer Atmosphäre wachsender Angst konnte jede militärische Bewegung wie eine Vorbereitung auf etwas Größeres wirken. „Das wird Panik auslösen“, sagte jemand im Raum. Lina antwortete ruhig: „Nur, wenn es falsch erzählt wird.“ David sah auf seine Daten. „Zu spät.“ Auf mehreren Plattformen verbreiteten sich bereits Interpretationen, die von wachsender globaler Spannung sprachen. Einige behaupteten, Staaten bereiteten sich auf mögliche Instabilität vor. Andere sagten, die Bewegung habe eine Kette von Reaktionen ausgelöst, die jetzt außer Kontrolle geraten könnten. Lina sah auf die wachsenden Zahlen der Beiträge und spürte eine neue Art von Druck. Nicht moralischen Druck, nicht politischen Druck, sondern etwas Tieferes. Das Gefühl, dass ein System aus Balance geraten könnte. In Wien sah Noah eine neue Nachricht auf seinem Tablet. Ein vertraulicher Bericht aus diplomatischen Kreisen warnte davor, dass mehrere Kommunikationskanäle zwischen Staaten ungewöhnlich stark ausgelastet seien. Noch kein Zwischenfall. Aber ungewöhnlich viele Rückversicherungen. Noah wusste, was das bedeutete. Wenn Staaten begannen, sich gegenseitig zu versichern, dass sie nichts Ungewöhnliches planten, dann lag die eigentliche Gefahr nicht in einer geplanten Eskalation, sondern in der Möglichkeit eines Missverständnisses. In Genf kam Amina zurück in den Raum und sah eine neue Nachricht auf ihrem Bildschirm. Eine Delegation hatte offiziell angefragt, ob die Institution bereit sei, das nächste Treffen zu verschieben, bis sich die internationale Lage stabilisiert habe. Amina las den Satz und spürte, wie sich ihr Magen zusammenzog. Wenn dieser Vorschlag akzeptiert wurde, konnte der gesamte Prozess einfrieren. Wenn er abgelehnt wurde, könnten einige Staaten aussteigen. Sie sah auf die Uhr und wusste, dass jede Minute jetzt politisches Gewicht hatte. In Manhattan sah Lina auf die gleiche Nachricht, die gerade über einen indirekten Kanal bei ihnen angekommen war. Im Raum wurde es plötzlich sehr still. „Das ist der Moment", sagte jemand leise. Lina schüttelte langsam den Kopf. „Nein." Alle sahen sie an. „Das ist nur der erste Moment, der sich so anfühlt." In Brüssel sah der Staatssekretär eine neue Analyse, die ihn für einen Augenblick nachdenklich machte. Darin stand, dass mehrere unabhängige Beobachter erstmals von einer „systemischen Stressphase" der internationalen Ordnung sprachen. Er legte das Papier weg und sagte leise: „Jetzt beginnt die eigentliche Prüfung." In Genf sah Amina auf den Bildschirm mit der Anfrage zur Verschiebung des Treffens. Sie wusste, dass diese Entscheidung nicht nur ein organisatorischer Schritt war. Sie war ein Signal. Ein Signal darüber, ob der Prozess unter Druck weiterlaufen konnte oder ob er bereits zu fragil geworden war. Gerade als sie antworten wollte, erschien eine neue Eilmeldung auf dem Bildschirm: Ein militärisches Aufklärungsflugzeug zweier Staaten hatte sich ungewöhnlich nahe gekommen, bevor beide Seiten ihre Kommunikationskanäle aktivierten. Kein Zwischenfall. Aber eine Situation, die nur Sekunden davon entfernt gewesen war. Amina starrte auf die Meldung und spürte zum ersten Mal in diesem Prozess einen Gedanken, der sich nicht mehr nur politisch anfühlte. Vielleicht war dies der Punkt, an dem mehrere Krisen nicht mehr parallel liefen, sondern ineinander griffen. Und genau in diesem Moment begann ihr Telefon gleichzeitig mit drei verschiedenen Prioritätsmeldungen zu vibrieren.

Teil IV – Angst

19. Sicherheitsrhetorik eskaliert

Die Sprache veränderte sich zuerst in den Randnotizen, in Interviews, in jenen Halbsätzen, die Politiker gern am Ende einer Erklärung einfügen, wenn sie signalisieren wollen, dass sie die Lage ernst nehmen, ohne sie bereits als Krise zu definieren. Doch innerhalb weniger Stunden begannen diese Halbsätze, sich gegenseitig zu verstärken, bis aus vorsichtiger Aufmerksamkeit eine neue Tonlage wurde, die nicht mehr nur politisch, sondern sicherheitspolitisch klang. In Washington sprach ein Verteidigungsanalyst in einem Fernsehinterview davon, dass Staaten angesichts wachsender globaler Instabilität ihre strategische Wachsamkeit erhöhen müssten. In Moskau erklärte ein Regierungsvertreter, die gegenwärtige Lage zeige, wie gefährlich unkoordinierte transnationale Bewegungen für die Stabilität internationaler Systeme werden könnten. In Peking sprach ein Kommentator davon, dass verantwortungsvolle Staaten in Zeiten globaler Verunsicherung Ordnung und Kontrolle bewahren müssten. Keiner dieser Sätze war offen eskalierend. Doch zusammengenommen verschoben sie die Wahrnehmung der Krise. In Manhattan saß Lina Koran vor einem Bildschirm, auf dem gerade eine internationale Nachrichtensendung lief. Hinter dem Moderator erschienen eingeblendete Begriffe: Stabilität, Sicherheitsinteressen, strategische Verantwortung. Lina sah die Worte und wusste, dass sie nicht zufällig gewählt waren. „Sie beginnen, den Konflikt als Sicherheitsfrage zu formulieren", sagte sie leise. David, der aus Brooklyn zugeschaltet war, nickte. „Das verändert alles." Lina wusste, warum. Solange der Konflikt politisch blieb, konnte er verhandelt werden. Wenn er sicherheitspolitisch wurde, begannen Staaten, ihn mit anderen Werkzeugen zu betrachten. In Genf saß Amina Hassan in einem kleinen Raum mit zwei Delegierten, die beide versuchten, ruhig zu bleiben, während sie gleichzeitig ihre Hauptstädte im Ohr hatten. Der Vertreter eines europäischen Staates sagte gerade, dass seine Regierung zunehmend besorgt sei, dass gesellschaftliche Mobilisierung und institutioneller Druck eine Lage erzeugen könnten, in der politische Entscheidungen nicht mehr ausreichend kontrolliert werden könnten. Die Delegierte aus Lateinamerika reagierte sofort. „Mit Verlaub", sagte sie, „die eigentliche Gefahr entsteht nicht durch gesellschaftliche Forderungen, sondern durch Staaten, die jede Öffnung als Bedrohung interpretieren." Beide sprachen ruhig. Doch ihre Worte bewegten sich bereits in der Sprache der Sicherheit. Amina hörte ihnen zu und spürte, wie sich die Atmosphäre im Raum verändert hatte. Vor wenigen Wochen hätte ein solcher Austausch als politischer Streit gegolten. Jetzt klang er wie ein strategischer Konflikt. In Wien saß Noah Stein in einem Studio und sah sich eine Reihe von Interviews an, die internationale Politiker in den letzten Stunden gegeben hatten. Immer häufiger tauchte ein bestimmter Satz auf: Man müsse verhindern, dass die aktuelle Lage in unkontrollierbare Instabilität übergehe. Noah kannte diesen Satz aus der Geschichte internationaler Krisen. Er war kein Aufruf zur Eskalation. Aber er öffnete die Tür für Maßnahmen, die vorher undenkbar gewesen wären. „Die Sprache verschiebt sich", sagte er zu der Produzentin neben ihm. „In welche Richtung?" „In Richtung Vorsorge." Die Produzentin runzelte die Stirn. „Das klingt harmlos." Noah schüttelte langsam den Kopf. „Vorsorge bedeutet Vorbereitung. Vorbereitung bedeutet, dass man sich Szenarien vorstellt, die man vorher nicht öffentlich diskutiert hat." In Brüssel saß der Staatssekretär des Machtblocks mit mehreren Beratern in einem Raum, in dem auf einem großen Bildschirm internationale Reaktionen auf die jüngsten Ereignisse zusammenliefen. Ein Berater zeigte eine Zusammenstellung militärischer Kommentare aus verschiedenen Ländern. Sie waren vorsichtig formuliert, aber ihre Botschaft war klar: Staaten beobachteten die Lage jetzt auch aus einer sicherheitspolitischen Perspektive. „Das war unvermeidlich", sagte der Staatssekretär ruhig. „Warum?" fragte ein jüngerer Berater. „Weil jede große politische Unsicherheit irgendwann als Sicherheitsfrage gelesen wird." Er lehnte sich zurück und dachte einen Moment nach. „Das bedeutet nicht, dass jemand einen Konflikt will. Aber es bedeutet, dass niemand überrascht werden will." In Manhattan blinkte auf einem der Bildschirme plötzlich eine neue Meldung auf. Ein großer internationaler Sender berichtete, mehrere Staaten hätten angekündigt, ihre militärischen Bereitschaftsanalysen angesichts der globalen Lage zu überprüfen. Lina sah die Meldung und spürte sofort, wie sich der Raum um sie herum veränderte. Niemand sprach, aber alle verstanden, was diese Nachricht bedeutete. „Das ist noch keine Eskalation", sagte jemand. Lina nickte. „Aber es ist die Vorbereitung auf eine mögliche." David sah auf seine Daten. „Und die Öffentlichkeit reagiert sofort." Lina sah auf die Plattformzahlen. Die Meldung verbreitete sich schneller als jede diplomatische Erklärung. Kommentare, Analysen, Spekulationen. Einige behaupteten, Staaten bereiteten sich auf mögliche Unruhen vor. Andere warnten vor einer neuen Phase geopolitischer Spannungen. „Angst ist der stärkste Beschleuniger von Informationen", sagte David. In Genf kam Amina gerade aus einer Sitzung, als ihr Telefon vibrierte. Eine Nachricht aus einer Delegation warnte, dass die zunehmende Sicherheitsrhetorik in mehreren Hauptstädten die politische Lage verschärfe. Einige Regierungen könnten argumentieren, dass institutionelle Experimente in einer Phase globaler Spannung unverantwortlich seien. Amina blieb im Flur stehen und las die Nachricht zweimal. Sie wusste, dass diese Argumentation bereits in mehreren Gesprächen angedeutet worden war. Die Reform des internationalen Systems könne warten, solange die Stabilität gefährdet sei. Doch Amina wusste auch, dass genau dieses Argument historisch oft verwendet worden war, um Veränderung dauerhaft zu verschieben. In Wien hörte Noah gerade einen ehemaligen Militärberater sagen, dass politische Bewegungen in Zeiten geopolitischer Spannung besonders vorsichtig handeln müssten, um nicht unbeabsichtigt strategische Unsicherheiten zu verstärken. Noah sah den Mann an und wusste, dass seine Worte in vielen Ohren vernünftig klingen würden. Doch sie enthielten auch eine gefährliche Logik. Wenn jede gesellschaftliche Veränderung als potenzielles Sicherheitsrisiko betrachtet wurde, konnte jede Reform blockiert werden. In Manhattan sah Lina auf eine neue Nachricht von Amina. Nur zwei Sätze: Die Sicherheitsrhetorik erreicht die Delegationen. Einige sprechen bereits von strategischer Stabilität statt politischem Prozess. Lina legte das Telefon langsam auf den Tisch. „Jetzt beginnt eine neue Phase", sagte sie leise. David sah sie an. „Welche?" Lina sah auf die Bildschirme mit Nachrichten, Protesten, diplomatischen Erklärungen und Marktanalysen. „Die Phase, in der politische Konflikte plötzlich wie Sicherheitsbedrohungen aussehen." In Brüssel klingelte erneut das Telefon des Staatssekretärs. Eine Stimme aus einer anderen Hauptstadt sagte, man müsse in der aktuellen Lage verhindern, dass unvorhersehbare Entwicklungen internationale Stabilität gefährdeten. Der Staatssekretär hörte ruhig zu. Als das Gespräch endete, sah er seine Berater an. „Die Sprache hat sich verschoben", sagte er. „Und wenn sich die Sprache verschiebt", fragte die Kommunikationschefin, „was folgt dann?" Der Staatssekretär antwortete nicht sofort. Er sah auf den Bildschirm, auf dem gerade eine neue Meldung erschien: Ein hochrangiger Militärsprecher eines großen Staates hatte erklärt, man beobachte die internationale Lage mit erhöhter Aufmerksamkeit und sei bereit, auf jede unerwartete Entwicklung angemessen zu reagieren. Der Staatssekretär las den Satz langsam. Dann sagte er: „Dann beginnen Systeme, sich selbst zu schützen." In Genf saß Amina wieder in ihrem Büro und sah auf eine neue diplomatische Nachricht, die gerade eingetroffen war. Darin stand, dass mehrere Staaten erwägen würden, den Reformprozess zumindest vorübergehend auszusetzen, bis sich die sicherheitspolitische Lage beruhigt habe. Amina wusste sofort, was dieser Satz bedeutete. Wenn die Krise einmal als Sicherheitsfrage definiert war, konnte jede politische Veränderung als Risiko erscheinen. Sie sah aus dem Fenster auf die Stadt, die still wirkte, fast normal. Doch irgendwo auf der Welt sprachen gerade immer mehr Menschen über Stabilität, Vorbereitung und strategische

Vorsicht. Und genau in diesem Moment erschien eine neue Eilmeldung auf ihrem Bildschirm: Zwei Staaten hatten ihre militärischen Kommunikationskanäle erneut aktiviert, nachdem ein weiteres Aufklärungsmanöver ungewöhnlich nahe an die Grenze eines anderen Landes geraten war.

20. Militärische Signale und globale Nervosität

Die militärischen Signale begannen wie fast immer in der Sprache der Routine. Ein Manöver hier, eine Bereitschaftsüberprüfung dort, eine Übung, die schon lange geplant gewesen war und nun zufällig in eine Zeit fiel, in der die Welt jedes neue Geräusch genauer hörte als gewöhnlich. Doch gerade diese Routine wurde jetzt zum Problem, weil niemand mehr sicher war, welche Handlung noch Routine und welche bereits Botschaft war. In Wien saß Noah Stein im Halbdunkel eines Studios und betrachtete eine Karte, auf der kleine Markierungen blinkten, jede für sich harmlos, zusammen jedoch ein Muster erzeugend, das sich wie ein nervöses Flimmern über die Kontinente zog. Eine Marineübung im Nordatlantik, ein Luftüberwachungsmanöver im Pazifik, eine kurzfristige Bereitschaftsprüfung einer Raketenabwehreinheit in Osteuropa. Keine dieser Bewegungen bedeutete Krieg. Aber sie bedeuteten Aufmerksamkeit. Und Aufmerksamkeit war in einer angespannten Welt selbst ein Signal. „Die Frage ist nicht, was sie tun", sagte Noah leise zu der Produzentin neben ihm. „Die Frage ist, was andere darin sehen." Auf dem Bildschirm hinter ihm lief gerade ein Beitrag, in dem ein Sicherheitsexperte erklärte, dass Staaten in Zeiten globaler Unsicherheit ihre Verteidigungsfähigkeit demonstrieren müssten, um Fehlkalkulationen zu verhindern. Die Argumentation war vertraut, fast beruhigend rational. Doch Noah wusste, dass sie eine paradoxe Wirkung haben konnte. Wenn jeder Staat seine Stabilität zeigen wollte, entstand eine Landschaft aus Demonstrationen von Stärke, die sich gegenseitig beunruhigten. In Manhattan stand Lina Koran vor einem Fenster, das auf eine Straße blickte, die an diesem Abend ungewöhnlich ruhig war. Auf dem Tisch hinter ihr lagen mehrere Ausdrucke aus internationalen Nachrichtendiensten, die David gerade zusammengestellt hatte. Darin ging es um militärische Kommunikationskanäle, die häufiger genutzt wurden als sonst, um Aufklärungsflüge, die näher an sensiblen Zonen entlangführten, um Marinebewegungen, die offiziell Routine waren, aber in der aktuellen

Atmosphäre stärker beobachtet wurden. Lina nahm eines der Papiere in die Hand und las einen Satz, der ihr sofort auffiel: Mehrere Staaten hätten ihre militärischen Lagezentren angewiesen, Entwicklungen im Zusammenhang mit der globalen politischen Spannung verstärkt zu analysieren. „Das ist noch keine Eskalation", sagte jemand im Raum. Lina nickte langsam. „Nein", antwortete sie. „Aber es ist die Vorbereitung darauf, eine zu vermeiden." David war aus Brooklyn zugeschaltet und beobachtete gleichzeitig eine andere Art von Signal. Auf mehreren Plattformen verbreiteten sich kurze Clips von Militärfahrzeugen, Flugzeugen oder Schiffen, die in verschiedenen Ländern unterwegs waren. Einige dieser Videos waren alt, andere neu, manche aus dem Kontext gerissen. Doch ihre Wirkung war ähnlich. Sie erzeugten das Gefühl, dass überall gleichzeitig etwas in Bewegung war. „Die Bilder laufen schneller als die Fakten", sagte David. Lina sah auf den Bildschirm. „Und die Fakten selbst sind schon schwer genug zu interpretieren." In Genf saß Amina Hassan in einem Raum mit mehreren Delegierten, die plötzlich über Themen sprachen, die vor wenigen Wochen noch außerhalb ihres Mandats gelegen hätten. Der Vertreter eines asiatischen Staates sagte gerade, dass seine Regierung besorgt sei, dass die aktuelle politische Dynamik internationale Sicherheitswahrnehmungen beeinflussen könnte. Eine europäische Delegierte antwortete, dass genau deshalb der Reformprozess stabil weitergeführt werden müsse, um zu zeigen, dass politische Veränderungen nicht zu Instabilität führten. Ein anderer Delegierter schüttelte leicht den Kopf. „Oder wir müssen ihn pausieren", sagte er ruhig. „Um zu verhindern, dass er als Teil der Instabilität gelesen wird." Amina hörte zu und wusste, dass diese Debatte inzwischen weit über die Institution hinausging. Sie war Teil einer größeren Frage geworden: Ob politische Transformation in einer Welt stattfinden konnte, die sich gleichzeitig unsicher fühlte. In Brüssel saß der Staatssekretär des Machtblocks vor einer Reihe von Sicherheitsberichten, die seine Berater gerade zusammengestellt hatten. Einer davon zeigte eine ungewöhnlich hohe Aktivität in militärischen Kommunikationskanälen zwischen mehreren Staaten. Nicht, weil jemand eine Eskalation plante, sondern weil alle sicherstellen wollten, dass niemand eine Eskalation falsch interpretierte. „Das ist der klassische Moment", sagte einer der Berater. „Welcher?" fragte ein jüngerer Analyst. „Der Moment, in dem niemand einen Konflikt will, aber alle verhindern wollen, überrascht zu werden." Der Staatssekretär nickte langsam. „Und genau deshalb beginnen sie, Signale zu senden." Auf einem Bildschirm erschien gerade eine Meldung über ein gemeinsames Militärmanöver zweier Staaten, das ursprünglich für einen späteren Zeitpunkt geplant gewesen war und nun vorgezogen wurde. Offiziell aus logistischen Gründen. Doch jeder wusste, dass solche Entscheidungen selten nur logistisch waren. In Wien begann Noah gerade eine neue Sendung, in der mehrere Experten über die Bedeutung militärischer Bewegungen diskutierten. Einer von ihnen sagte, die aktuelle Lage erinnere ihn an historische Phasen, in denen politische Krisen und Sicherheitslogiken gleichzeitig zunahmen. Noah hörte zu und dachte an die letzten Wochen. An die Demonstrationen, die diplomatischen Spannungen, die wirtschaftlichen Unsicherheiten. Jetzt kam eine weitere Ebene hinzu. Nicht als unmittelbare Gefahr, sondern als Hintergrundrauschen, das jede Entscheidung schwerer machte. „Die Welt ist nervös", sagte der Experte im Fernsehen. „Und nervöse Systeme reagieren empfindlicher auf Signale." In Manhattan vibrierte plötzlich eines der Telefone auf dem Tisch. Eine neue Eilmeldung erschien auf dem Bildschirm. Ein militärisches Aufklärungsflugzeug hatte erneut eine ungewöhnlich nahe Begegnung mit einem Flugzeug eines anderen Staates gehabt. Beide Seiten hätten sofort ihre Kommunikationskanäle genutzt, um die Situation zu klären. Kein Zwischenfall. Aber ein weiterer Moment, in dem die Distanz zwischen Routine und Risiko kleiner geworden war. Lina sah auf die Meldung und spürte, wie sich ein Gedanke in ihrem Kopf festsetzte. Nicht ein dramatischer Gedanke, eher eine stille Erkenntnis. Die Welt bewegte sich gerade in einem Raum, in dem kleine Ereignisse plötzlich große Bedeutung bekommen konnten. In Genf sah Amina dieselbe Meldung auf ihrem Bildschirm. Einer der

Delegierten im Raum sagte leise: „Das ist genau die Art von Situation, die niemand jetzt braucht." Amina nickte kaum merklich. Sie wusste, dass solche Vorfälle nicht neu waren. Sie passierten regelmäßig. Aber in einer Phase wachsender politischer Spannung wurden sie anders gelesen. Nicht als Routine, sondern als potenzieller Vorbote von etwas Größerem. In Brüssel legte der Staatssekretär einen Bericht zur Seite und sah auf die nächste Analyse. Darin stand, dass mehrere Staaten ihre militärischen Beobachtungsnetze verstärkt auf politische Entwicklungen abstimmten. Nicht weil sie einen Konflikt erwarteten, sondern weil sie vermeiden wollten, dass politische Instabilität zu sicherheitspolitischen Fehlinterpretationen führte. Er las den Satz langsam. „Das System wird empfindlicher", sagte er schließlich. „Empfindlicher wofür?" fragte die Kommunikationschefin. Der Staatssekretär sah aus dem Fenster auf die dunkler werdende Stadt. „Für Überraschungen." In Wien sah Noah gerade eine neue Meldung auf seinem Tablet. Sie kam aus einem internationalen Sicherheitsnetzwerk und war ungewöhnlich kurz formuliert: Mehrere Staaten hätten ihre militärischen Lagezentren in einen erhöhten Beobachtungsmodus versetzt. Keine Alarmstufe. Nur erhöhte Aufmerksamkeit. Noah sah auf den Satz und wusste, dass er in den nächsten Stunden in tausend verschiedene Interpretationen übersetzt werden würde. In Manhattan erschien dieselbe Meldung Sekunden später auf einem der Bildschirme. Lina las sie und spürte zum ersten Mal seit Beginn dieser Krise ein Gefühl, das nicht nur politisch war. Es war das Gefühl, dass mehrere Systeme gleichzeitig in Bewegung geraten waren. Demonstrationen, Märkte, Diplomatie, Medien, Sicherheitslogik. Jeder Teil für sich kontrollierbar. Zusammen jedoch ein Netz aus Reaktionen, das immer schwerer zu stabilisieren war. David sah auf seine Daten und sagte leise: „Die Nervosität wird global." Lina antwortete nicht sofort. Sie sah auf die Karte mit den blinkenden Punkten, auf die Nachrichtenmeldungen, auf die wachsende Flut von Kommentaren und Analysen. Dann sagte sie: „Und wenn die Welt nervös wird, beginnt sie, auf Dinge zu reagieren, die gestern noch normal gewesen wären." Genau in diesem Moment erschien eine neue Eilmeldung auf mehreren internationalen Kanälen: Zwei Staaten hätten angekündigt, kurzfristig zusätzliche militärische Kommunikationsübungen durchzuführen, um Missverständnisse in der aktuellen Lage zu vermeiden.

21. Weltweite Angstphase

Die Angst begann nicht mit einer Nachricht, sondern mit einer Stimmung, die sich wie ein feines elektrisches Feld über Städte, Büros, Bildschirme und Gespräche legte, zuerst kaum bemerkbar, dann plötzlich überall gleichzeitig spürbar, als hätten Millionen Menschen gleichzeitig begriffen, dass mehrere Entwicklungen sich gerade auf eine Weise überlagerten, die niemand mehr vollständig kontrollierte. In Tokio sah ein Analyst in einem Finanzzentrum auf die Bildschirme, auf denen Marktbewegungen liefen, die an diesem Tag ungewöhnlich hektisch wirkten, nicht dramatisch genug, um von einem Crash zu sprechen, aber nervös genug, dass Händler häufiger aufstanden, häufiger telefonierten, häufiger fragten, ob jemand neue Informationen habe. In Berlin saß eine Familie vor dem Fernseher und hörte einem Kommentator zu, der erklärte, dass militärische Kommunikationskanäle verstärkt genutzt würden, während gleichzeitig Proteste in mehreren Ländern weiterliefen und internationale Institutionen versuchten, einen politischen Prozess unter wachsendem Druck aufrechtzuerhalten. Niemand im Raum verstand jedes Detail, aber alle spürten, dass etwas Größeres in Bewegung geraten war. In Toronto sah Mara in der Mittagspause auf ihrem Telefon mehrere Nachrichten gleichzeitig aufleuchten, eine über eine neue Demonstration, eine über militärische Beobachtungsmaßnahmen, eine über wirtschaftliche Unsicherheit, und obwohl sie rational wusste, dass jede dieser Meldungen für sich genommen erklärbar war, entstand in ihrem Kopf eine andere Gleichung, in der sich all diese Dinge gegenseitig verstärkten. Genau das geschah in diesem Moment weltweit. Menschen begannen nicht mehr nur einzelne Ereignisse zu sehen, sondern eine Atmosphäre. In Manhattan stand Lina Koran vor einem Fenster und beobachtete eine Straße, auf der Autos fuhren wie an jedem anderen Tag, während hinter ihr mehrere Bildschirme eine ganz andere Realität zeigten. Nachrichtenkanäle berichteten im Minutentakt über neue Analysen, Kommentare, Einschätzungen.

Einige Experten sagten, die Welt befinde sich in einer Phase erhöhter strategischer Aufmerksamkeit. Andere warnten vor einer gefährlichen Kombination aus politischem Druck, wirtschaftlicher Nervosität und militärischer Sensibilität. Lina hörte den Stimmen zu und spürte, wie sich etwas veränderte. Die Debatte drehte sich nicht mehr nur um politische Positionen oder institutionelle Prozesse. Sie drehte sich um Stabilität. „Das ist die Angstphase“, sagte David aus dem Lautsprecher. Lina sah ihn an. „Wie meinst du das?“ „Die Phase, in der Menschen beginnen, das Schlimmste zu erwarten, obwohl noch nichts tatsächlich passiert ist.“ Lina wusste sofort, dass er recht hatte. Angst war nicht einfach eine Reaktion auf Ereignisse. Sie war ein Systemzustand. In Genf saß Amina Hassan in einem Raum mit mehreren Delegierten, die inzwischen deutlich erschöpfter wirkten als noch vor zwei Tagen. Einer von ihnen sagte gerade, dass seine Hauptstadt immer mehr Fragen stelle, ob der Reformprozess möglicherweise zur falschen Zeit stattfinde. Eine Delegierte aus einem anderen Land antwortete, dass genau diese Angst der Grund sei, warum politische Reformen notwendig seien. Beide Argumente klangen plausibel. Beide verstärkten die Nervosität im Raum. Amina hörte ihnen zu und dachte daran, wie internationale Prozesse normalerweise funktionierten. Sie brauchten Vertrauen, Geduld, eine gewisse Gelassenheit gegenüber Unsicherheit. Doch genau diese Gelassenheit begann jetzt zu verschwinden. In Wien saß Noah Stein vor einem Bildschirm, auf dem gerade mehrere internationale Nachrichtensender gleichzeitig liefen. Es war selten, dass sich ihre Tonlagen so stark ähnelten. Überall hörte man ähnliche Formulierungen: wachsende Unsicherheit, erhöhte Aufmerksamkeit, fragile Stabilität. Niemand sprach von Katastrophe. Aber niemand sprach mehr von Normalität. Noah wusste, dass solche Momente in der Geschichte eine besondere Dynamik hatten. Wenn Angst einmal global wurde, begann sie, Entscheidungen zu beeinflussen, die vorher rationaler getroffen worden wären. Menschen wurden vorsichtiger, aber auch misstrauischer. Staaten reagierten schneller auf Signale, weil sie befürchteten, zu spät zu reagieren. Und genau diese beschleunigten Reaktionen konnten neue Spannungen erzeugen. In Brüssel saß der Staatssekretär des Machtblocks mit mehreren Beratern vor einer Analyse, die gerade eingetroffen war. Darin stand, dass in vielen Ländern die öffentliche Wahrnehmung der Krise deutlich pessimistischer geworden sei. Menschen glaubten zunehmend, dass mehrere Systeme gleichzeitig instabil würden. „Das ist gefährlich", sagte einer der Berater. „Warum?" fragte ein anderer. „Weil Angst politische Räume verengt." Der Staatssekretär nickte langsam. „Und weil sie Entscheidungen beschleunigt." Er wusste, dass genau dieser Effekt jetzt weltweit zu beobachten war. In mehreren Hauptstädten wurden Sicherheitsbriefings häufiger abgehalten. Regierungen überprüften Kommunikationskanäle. Wirtschaftliche Akteure reagierten empfindlicher auf Gerüchte und Spekulationen. Niemand wollte derjenige sein, der eine Entwicklung unterschätzte. In Manhattan vibrierte plötzlich eines der Telefone auf dem Tisch. Eine neue Nachricht erschien auf dem Bildschirm. Ein großer internationaler Sender berichtete, dass mehrere Regierungen ihre Bürger aufgefordert hätten, sich nicht von Gerüchten über eine mögliche Eskalation verunsichern zu lassen. Lina sah den Satz und wusste sofort, dass er eine paradoxe Wirkung haben konnte. Wenn Regierungen Menschen beruhigen mussten, bedeutete das oft, dass die Angst bereits weit verbreitet war. „Die Narrative laufen jetzt global synchron", sagte David. Lina sah auf die Plattformdaten. In vielen Ländern diskutierten Menschen über ähnliche Fragen: Könnte die politische Krise außer Kontrolle geraten? Könnten militärische Missverständnisse entstehen? Würden Märkte weiter reagieren? „Die Welt denkt gerade kollektiv über Risiko nach", sagte Lina leise. In Genf hörte Amina, wie ein Delegierter am anderen Ende des Tisches plötzlich sagte: „Meine Regierung fragt, ob wir uns auf ein Szenario vorbereiten müssen, in dem die internationale Lage kurzfristig destabilisiert." Amina sah ihn an. „Sie meinen militärisch?" Der Mann schüttelte sofort den Kopf. „Nein. Politisch, wirtschaftlich, sicherheitstechnisch zusammen." Amina wusste, dass genau diese Mischung die gefährlichste war. Wenn mehrere Formen von Unsicherheit gleichzeitig wahrgenommen wurden, entstand eine Atmosphäre, in der selbst kleine Ereignisse große Reaktionen auslösen konnten. In Wien sah Noah auf seinem Tablet eine neue Meldung, die gerade von mehreren Nachrichtenagenturen verbreitet wurde. Sie berichtete, dass mehrere Staaten ihre diplomatischen Kommunikationskanäle intensivierten, um mögliche Missverständnisse in der aktuellen Lage zu vermeiden. Noah las den Satz und wusste, dass er zwei völlig unterschiedliche Interpretationen zuließ. Für Experten war er ein Zeichen verantwortungsvoller Vorsicht. Für viele Zuschauer konnte er wie eine Warnung wirken. In Toronto saß Mara wieder auf der Bank vor ihrem Büro und sah auf die Nachrichten in ihrem Telefon. Menschen diskutierten in Kommentaren, ob die Welt vor einer großen Krise stehe oder ob alles nur übertrieben dargestellt werde. Einige versuchten, beruhigend zu argumentieren. Andere warnten vor einer gefährlichen Entwicklung. Mara merkte, wie ihr Herz schneller schlug, obwohl sie rational wusste, dass noch nichts Konkretes passiert war. Genau das war die globale Angstphase. Sie entstand nicht aus einem Ereignis, sondern aus der Möglichkeit vieler Ereignisse. In Manhattan stand Lina plötzlich auf und ging ein paar Schritte durch den Raum. „Die Angst verändert die Politik", sagte sie. David nickte aus dem Bildschirm. „Und sie verändert die Bewegung." Lina wusste, was er meinte. Wenn Menschen Angst hatten, wollten sie klare Antworten, schnelle Entscheidungen, sichtbare Stärke. Doch genau diese Dinge konnten einen komplexen politischen Prozess zerstören. In Brüssel erschien auf einem Bildschirm eine neue Meldung aus einem internationalen Sicherheitsnetzwerk. Darin stand, dass mehrere militärische Beobachtungszentren ihre Aufmerksamkeit auf ungewöhnliche Bewegungen erhöht hätten, um mögliche Missverständnisse frühzeitig zu erkennen. Der Staatssekretär las den Bericht und sagte leise: „Das System reagiert jetzt auf seine eigene Nervosität." In Genf sah Amina auf eine neue Nachricht, die gerade eingetroffen war. Sie kam aus einer Delegation, die bisher moderat geblieben war. Darin stand nur ein Satz: Unsere Regierung fragt, ob der Prozess unter diesen Umständen noch verantwortbar ist.

Amina starrte einen Moment auf den Bildschirm. Dieser Satz war keine Drohung. Aber er war ein Zeichen dafür, dass die Angst inzwischen auch die politischen Räume erreicht hatte. In Manhattan erschien fast gleichzeitig eine neue Eilmeldung auf mehreren Bildschirmen. Ein internationaler Nachrichtensender berichtete, dass mehrere Staaten ihre militärischen Beobachtungsnetze in einen Zustand erhöhter Wachsamkeit versetzt hätten. Lina sah auf die Meldung und spürte, wie der Raum um sie herum noch stiller wurde als zuvor. Niemand sprach, doch jeder verstand, was diese Nachricht bedeutete. Die Welt war nicht im Krieg. Aber sie begann, sich so zu verhalten, als könnte sie es plötzlich sein.

22. Gegenmaßnahmen, Notfalltreffen, hektische Diplomatie

Die Gegenmaßnahmen begannen fast überall gleichzeitig und sahen doch in jedem politischen Raum anders aus, weil Angst selten ein einheitliches Programm hervorbringt, sondern hektische Varianten derselben Grundbewegung: Kontrolle zurückgewinnen, Zeit kaufen, Missverständnisse begrenzen, Handlungsfähigkeit demonstrieren, ohne die Lage dadurch noch weiter zu verschlechtern. In Genf standen plötzlich zusätzliche Fahrzeuge vor dem Gebäude, nicht martialisch genug, um Panik zu rechtfertigen, aber sichtbar genug, um zu zeigen, dass auch Institutionen nun auf eine Welt reagierten, die ihre Nervosität nicht mehr verbergen konnte. Im Inneren liefen Menschen schneller, Türen blieben kürzer offen, Sitzungen wurden mit Vermerken wie informell, vertraulich, nur kleiner Kreis neu angesetzt, als ließe sich politische Schwerkraft durch Etiketten entschärfen. Amina Hassan hatte in den letzten Tagen kaum geschlafen, aber der Mangel an Schlaf war nicht das, was sie am meisten erschöpfte. Es war die Geschwindigkeit, mit der aus jeder vorsichtigen Überlegung inzwischen eine Notfallarchitektur wurde. Ein Delegierter wollte einen kurzfristigen Sicherheitsvermerk in die Verfahrenssprache einbauen. Eine andere Mission forderte eine ad-hoc-Runde nur mit Staaten, um das Vertrauen in die institutionelle Neutralität wiederherzustellen. Wieder andere drängten auf ein separates Konsultationsformat mit prozessnahen Akteuren, damit die politische Substanz nicht völlig aus dem Raum gedrängt wurde. Alles gleichzeitig, alles mit plausibler Begründung, und genau darin lag die Überforderung. Ein Mitarbeiter aus ihrem Team kam mit einem Tablet auf sie zu, so schnell, dass er fast gegen einen Dolmetscher lief. „Es gibt drei neue Formate", sagte er. „Drei?" „Ein Notfallbriefing der Missionsleiter, eine technische Lagebesprechung zur Kommunikationsstabilität und ein kleiner informeller

Kreis auf Wunsch mehrerer moderater Staaten. Außerdem drängt New York auf eine abgestimmte Formulierung, bevor die nächste Agenturmeldung kommt." Amina nahm das Tablet, überflog die Zeilen und dachte, dass das System sich gerade mit Verfahren gegen einen Druck verteidigte, der längst schneller war als Verfahren. „Wer sitzt im kleinen Kreis?" fragte sie. „Noch unklar. Darüber wird bereits gestritten." Natürlich wurde darüber gestritten. In solchen Momenten war jede Einladung bereits ein Signal, jede Auslassung eine Vorentscheidung, jeder Kreis eine Theorie darüber, wem die Zukunft überhaupt noch zugemutet werden durfte. In Manhattan war der Arbeitsraum von GSC in etwas übergegangen, das nicht mehr wie ein Strategieraum wirkte, sondern wie eine provisorische Gegenstelle zu einer Welt, die an immer mehr Orten gleichzeitig Entscheidungen traf. Auf den Bildschirmen liefen Listen mit Notfalltreffen, Sicherheitsbriefings, Pressekonferenzen, regionalen Aufrufen zur Ruhe, lokalen Warnungen vor Provokationen, Marktkommentaren, institutionellen Statusmeldungen und den internen Notizen aus Davids Team, die mittlerweile mit Zeitstempeln versehen werden mussten, weil selbst zehn Minuten Verzögerung eine Einschätzung alt wirken ließen. Lina Koran stand vor der Karte der regionalen Knoten und las eine neue Zusammenfassung, die ein Mitarbeiter ihr gerade gereicht hatte. Mehrere GSC-Gruppen baten um sofortige Richtungsentscheidung. Sollten sie Proteste aussetzen, um dem Vorwurf der Überhitzung nicht in die Hände zu spielen? Sollten sie gerade jetzt sichtbarer werden, um zu verhindern, dass der Prozess im Schock eingefroren wurde? Sollten sie lokale Dialogformate anbieten, um der Lagerlogik etwas entgegenzusetzen? Oder sollten sie einfach stillhalten und abwarten, bis die Sicherheitsrhetorik sich wieder legte? Es waren keine schlechten Fragen. Sie waren nur alle gleichzeitig richtig und falsch. „Wir brauchen eine Leitlinie in der nächsten Stunde", sagte einer der Organisatoren. Lina sah ihn an. „Nein", sagte sie ruhig. „Wir brauchen eine Leitlinie, die in einer Stunde nicht schon wieder gegen uns arbeitet." David war zugeschaltet, das Gesicht blasser als sonst, die Stimme knapper. Hinter ihm liefen rote und gelbe Markierungen über eine Übersicht der globalen Plattformstabilität. „Wir haben zwei neue Probleme“, sagte er. „Erstens verbreiten mehrere große Accounts die Behauptung, internationale Institutionen hätten informell bereits zu besonderer Zurückhaltung gegenüber GSC aufgerufen. Zweitens gibt es in drei Regionen Falschmeldungen über angeblich abgesagte Treffen, um lokale Gruppen in Passivität zu treiben.“ Lina schloss kurz die Augen. Notfallrhetorik erzeugte nicht nur Angst. Sie erzeugte auch eine neue Opportunitätsökonomie für alle, die Wirklichkeit beschleunigen wollten. „Was hält?“ fragte sie. David verstand sofort, dass sie nicht die Technik meinte. „Die Kernknoten halten. Die Leute nicht alle.“ In Wien war das Studio in einen Dauerbetrieb übergegangen, der nach außen professionell wirkte und innen die erschöpftc Improvisation eines Systems war, das keine Ruhe mehr zwischen den Lagen fand. Noah Stein kam aus einer Liveschalte und ging direkt in eine Redaktionsbesprechung, in der bereits die nächste Sondersendung vorbereitet wurde. Auf der großen Wand standen drei Arbeitsüberschriften zur Auswahl, alle schlecht, alle auf ihre Weise wahr. Weltweite Alarmdiplomatie. Internationale Krisenmechanik unter Hochdruck. Wer kontrolliert die Lage noch? Noah blieb vor der letzten stehen und schüttelte den Kopf. „Niemand stellt diese Frage, ohne bereits einen Kontrollverlust zu behaupten.“ Die Redaktionsleiterin sah nicht einmal auf. „Weil die Frage gestellt wird.“ „Ja“, sagte Noah, „aber wir müssen nicht jedes Symptom in ein Fieber verwandeln.“ Sie legte den Stift hin. „Was willst du stattdessen?“ Noah sah auf die Monitorwand, wo ein Außenminister gerade mit ernster Stimme erklärte, seine Regierung unterstütze zusätzliche diplomatische Kontakte und alle nötigen Schritte zur Sicherung von Stabilität. Im Split-Screen lief gleichzeitig ein Korrespondent vor dem Genfer Gebäude, hinter ihm Absperrungen, Medien, Menschen, Blaulicht in der Ferne. „Ich will zeigen, dass Gegenmaßnahmen gerade nicht die Krise lösen“, sagte Noah. „Sie übersetzen sie nur in immer neue Räume.“ Die Redaktionsleiterin seufzte leise. „Das ist gut. Aber es ist wieder kein Teaser.“ „Dann schreib einen dümmeren“, sagte Noah und nahm bereits das

Telefon, weil eine vertrauliche Kontaktperson aus einem europäischen Außenministerium seit sechs Minuten auf Rückruf wartete. In Brüssel hatte der Staatssekretär des Machtblocks binnen weniger Stunden mehr vertrauliche Gespräche geführt als an manchen Gipfeltagen. Nicht weil er der alleinige Architekt der Gegenreaktion war, sondern weil seine Sprache mittlerweile in mehreren Hauptstädten als die brauchbarste Übersetzung einer Welt galt, die ihre eigene politische Beschleunigung zu fürchten begonnen hatte. Er saß in einem Raum mit zwei Kommunikationsberatern, einem außenpolitischen Strategen und einer juristischen Expertin, während auf dem Tisch die Übersicht der jüngsten Gegenmaßnahmen lag: verstärkte militärische Kommunikationsübungen, informelle Notfallkontakte zwischen Missionen, wirtschaftliche Beruhigungssignale, institutionelle Stabilisierungstreffen, erhöhte Polizeipräsenz an sensiblen Orten, koordinierte Hinweise an Plattformen, besonders aufmerksam gegen destabilisierende Falschinformationen und grenzüberschreitende Mobilisierungsmuster vorzugehen. Der jüngere Berater deutete auf eine Passage. „Einige Staaten wollen die jetzige Lage nutzen, um den Prozess formell auf Eis zu legen." „Zu grob", sagte der Staatssekretär sofort. „Das wirkt wie Instrumentalisierung." „Ist es doch auch." Der Staatssekretär sah ihn an, lange genug, dass der Satz im Raum abkühlte. „Nein", sagte er dann mit ruhiger Härte. „Es ist die Konsequenz einer Lage, die wir seit Wochen beschrieben haben. Wer jetzt aussieht, als wolle er aus Nervosität Kapital schlagen, verliert das Zentrum." Die Kommunikationschefin nickte leicht. Sie verstand, wie fein die Linie war. Der Machtblock musste stark genug wirken, um Ordnung zu repräsentieren, aber nicht so berechnend, dass seine Sorge wie verkleidete Machtpanik aussah. „Was ist mit den moderaten Staaten?" fragte sie. „Sie wollen Beruhigung", sagte der Staatssekretär. „Also geben wir ihnen Beruhigungssprache und maximale Verfahrensvorsicht." „Und wenn die Institution doch versucht, politischen Horizont zu retten?" Er faltete die Hände. „Dann sagen wir, sie verwechselt Durchhaltewillen mit Verantwortung." In Genf war Amina bereits in den dritten Raum innerhalb von neunzig Minuten gewechselt, als sie merkte, dass hektische Diplomatie ihre eigene Akustik hatte. Türen, die zu schnell zufielen. Stimmen, die im Gehen leiser wurden. Menschen, die das Wort informell so oft benutzten, bis es nur noch bedeutete, dass man sich nicht festlegen wollte, solange nicht klar war, welche Wirklichkeit in zwei Stunden gelten würde. Der kleine informelle Kreis war inzwischen doch zustande gekommen, mit Delegierten aus drei moderaten Staaten, einer Vertreterin aus Lateinamerika, einem afrikanischen Missionsleiter, zwei institutionellen Beratern und Amina selbst. Kein offizieller Tisch, kein sichtbares Protokoll, nur Wasser, Tablets, ein zu kalter Raum und die hochkonzentrierte Müdigkeit von Menschen, die wussten, dass sie nicht über die Zukunft entschieden, sondern darüber, ob die Zukunft heute Abend noch eine grammatische Form haben würde. Ein Delegierter begann ohne Umschweife. „Meine Hauptstadt will wissen, ob dieses Format noch politisch ernst gemeint ist oder nur ein Schockdämpfer." Die lateinamerikanische Vertreterin antwortete sofort. „Vielleicht ist es beides. Im Moment wären wir dumm, so zu tun, als bräuchten wir keinen Schockdämpfer." „Und wir wären feige", sagte der Afrikaner ruhig, „wenn wir nur noch dämpften und nicht mehr bewegten." Amina hörte ihnen zu und wusste, dass genau hier der eigentliche Notfall lag. Nicht in der einen dramatischen Entscheidung, sondern in der Gefahr, dass alle Reaktionen auf Angst entweder in bloße Stabilisierung oder in bloße Trotzbehauptung kippten. „Wir brauchen zwei Dinge gleichzeitig", sagte sie. „Ein sichtbares Zeichen, dass das Verfahren nicht kollabiert, und eine klare Begrenzung der Eskalationslogiken, die gerade auf allen Seiten Anschluss suchen." „Sichtbar für wen?" fragte einer der Moderaten. „Für die Hauptstädte? Für die Öffentlichkeit? Für die Märkte? Für die Straße?" Amina hätte fast bitter gelächelt. „Genau das ist das Problem", sagte sie. „Früher hätte man nacheinander geantwortet. Jetzt müssen wir alles gleichzeitig adressieren, ohne an irgendeiner Stelle so zu wirken, als würden wir uns auf Kosten der anderen absichern." In Manhattan hatte Lina inzwischen drei parallele Gespräche geführt, ein kurzes mit einer Regionalgruppe aus Lateinamerika, die fragte, ob ein geplanter Großmarsch in der jetzigen Lage verantwortbar sei, ein längeres mit einer prozessnahen intellektuellen Stimme im erweiterten GSC-Umfeld, die argumentierte, jede sichtbare Zurückhaltung sei nun Verrat an der historischen Öffnung, und ein stilleres mit Noah, der sie nicht nach ihrer Botschaft fragte, sondern nach ihrer Lage. „Wie weit bist du davon entfernt, etwas Falsches aus Erschöpfung zu sagen?" hatte er gefragt. Lina hatte erst nicht geantwortet. Dann gesagt: „Nicht so weit, wie mir lieb ist. Aber noch weit genug." Danach hatten sie eine halbe Minute geschwiegen, was zwischen ihnen keine Leere war, sondern eine Form von Genauigkeit. Jetzt stand sie wieder vor ihrem Team. „Wir machen drei Dinge", sagte sie. „Erstens keine globale Mobilisierungsgeste, die aussieht, als wollten wir die Sicherheitslage gegen die Institution wenden. Zweitens keine Selbstverkleinerung, die aussieht, als hätten wir den politischen Sinn des Ganzen aufgegeben. Drittens sofort lokale Leitlinien für ruhige Präsenz, Dokumentation, Deeskalation, Gesprächsangebote und absolute Nulltoleranz gegenüber jeder Sprache, die nach Belagerung, Endkampf oder historischer Unvermeidlichkeit klingt." Der jüngere Organisator, der in den vergangenen Tagen wiederholt zu aggressiver Sichtbarkeit gedrängt hatte, schüttelte leicht den Kopf. „Das klingt nach kontrollierter Schwäche." Lina sah ihn an, bis auch er still wurde. „Nein", sagte sie. „Das klingt nach jemandem, der begriffen hat, dass die Welt gerade nicht auf Symbolrausch, sondern auf Kettenreaktionen reagiert." David meldete sich dazwischen. „Ich kann die Leitlinien technisch priorisieren und in die verifizierten Knoten pushen. Aber wir müssen schnell sein. Schon jetzt werden in mehreren Regionen harte Aufrufe von inoffiziellen Accounts stärker verbreitet als alles Nüchterne." Lina nickte. „Dann müssen wir schneller ruhig sein als andere laut." In Wien telefonierte Noah inzwischen mit seiner Kontaktperson aus dem europäischen Außenministerium, die diesmal gehetzter klang als sonst. „Überall Notfalltreffen", sagte die Stimme. „Nicht, weil alle glauben, dass morgen etwas explodiert. Sondern weil niemand verantwortlich sein will, falls morgen etwas explodiert.“ Noah ging während des Gesprächs einen Korridor entlang, in dem Bildschirme an den Wänden ohne Ton liefen. Auf einem sah man Marineschiffe, auf einem anderen Delegierte vor Mikrofonen, auf einem dritten Demonstrierende hinter Gittern. „Was ist die härteste Gegenmaßnahme, die gerade wirklich diskutiert wird?“ fragte er. Am anderen Ende schwieg man kurz. „Formal? Eine tiefere Entpolitisierung des Formats und ein vorläufiger Ausschluss prozessrelevanter Vorstrukturierung durch externe Akteure.“ Noah wusste, was das hieß. Bewegung aus dem Übergangsraum drücken, ohne es Verbot zu nennen. „Und informell?“ Wieder eine Pause. „Dass Sicherheitsnervosität jetzt überall als Argument bereitliegt, um das historisch Schwierige als das akut Unverantwortliche umzuschreiben.“ Noah blieb kurz stehen. „Das ist ein guter Satz.“ „Es ist ein schlechter Tag.“ In Genf brachte der kleine Kreis nach über einer Stunde tatsächlich einen Text hervor, nicht groß, nicht schön, aber brauchbar. Ein Vorschlag für ein sofortiges Notfallbriefing, das öffentlich Stabilität und Prozesskontinuität gleichzeitig betonen sollte, ohne neue Fronten zu öffnen. Keine Abkehr vom Reformpfad. Keine Beschleunigung unter Druck. Konsultatives Stabilisierungsformat mit klarer Anschlussfähigkeit. Zusätzliche diplomatische Kontaktgruppen. Expliziter Aufruf zur gesellschaftlichen Deeskalation. Keine Hierarchisierung der Krisen. Amina las den Entwurf und wusste, dass er nicht gut war. Er war nur das Beste, was eine überlastete Wirklichkeit im Moment hergab. „Wenn wir das rausgeben, sagen die einen, wir knicken ein, und die anderen, wir halten immer noch an zu viel fest“, sagte der Afrikaner. „Ja“, sagte Amina. „Dann ist es vielleicht nahe an der Wahrheit.“ Doch noch bevor der Text in die nächste Runde gehen konnte, kam die Meldung aus New York. Ein größerer Staat aus dem erweiterten Souveränitätsblock hatte kurzfristig ein eigenes Notfalltreffen einberufen und drängte dort bereits auf ein gemeinsames Positionspapier, wonach in der aktuellen Sicherheits- und Stresslage jede weitere politische Tiefung des Prozesses bis auf Weiteres auszusetzen sei. Einer der Moderaten fluchte leise, zum ersten Mal unkontrolliert. Die Lateinamerikanerin legte den Kopf zurück und schloss für einen Moment die Augen. Amina spürte keinen Zorn. Nur die präzise Einsicht, dass hektische Diplomatie zwar Gegenmaßnahmen hervorbrachte, aber genauso die Zahl der Räume erhöhte, in denen Wirklichkeit gegeneinander gebaut werden konnte. In Brüssel bekam der Staatssekretär fast zeitgleich die Nachricht, dass in Genf ein kleiner Kreis an einer Formulierung arbeite, die Prozesskontinuität retten und Eskalationsdämpfung kombinieren sollte. Er las die Zusammenfassung und schüttelte kaum sichtbar den Kopf. „Sie wollen gleichzeitig atmen und rennen“, sagte er. Die Kommunikationschefin fragte: „Unsere Antwort?“ Er stand auf, ging zum Fenster und blickte hinaus, als ließe sich dort draußen die Logik der nächsten Stunden besser lesen. „Keine offene Konfrontation mit ihrem Text. Noch nicht. Wir setzen parallel eine eigene Linie: In Zeiten erhöhter globaler Nervosität ist politische Tiefung verantwortungslos, Beruhigung hat Vorrang, jeder ernsthafte Staat wird jetzt auf temporäre Verfahrensbegrenzung drängen.“ „Und wenn die moderaten Staaten den Genfer Text unterstützen?“ Er drehte sich um. „Dann sprechen wir von semantischer Beruhigung bei struktureller Unklarheit.“ Er sagte es mit der nüchternen Sicherheit eines Mannes, der begriffen hatte, dass hektische Diplomatie gerade vor allem eines produzierte: immer neue Formeln, mit denen man dieselbe Angst in verschiedene politische Richtungen lenken konnte. In Toronto saß Mara inzwischen im Bus nach Hause und hörte, wie zwei Menschen hinter ihr über dieselben Dinge sprachen, ohne dieselbe Welt zu meinen. Der eine sagte, er hoffe, die Regierungen würden jetzt endlich durchgreifen, bevor die Lage außer Kontrolle gerate. Die andere sagte, genau dieses Durchgreifen sei doch der Beweis, dass die alte Ordnung jede echte Öffnung sofort in ein Sicherheitsproblem verwandle. Mara sah aus dem Fenster und dachte, dass hektische Diplomatie für die meisten Menschen nicht als kluge Haltearbeit erschien. Sie erschien als weiteres Zeichen, dass irgendwo in oberen Räumen Menschen rennen mussten, damit unten die Normalität nicht ganz zerfiel. In

Manhattan hatte Lina den finalen Entwurf der GSC-Leitlinie freigegeben, knapp, ernst, ohne Pathos. Keine globalen Eskalationsgesten. Lokale Verantwortung. Sichtbare Ruhe. Keine Sprachbilder des Endkampfs. Schutz des politischen Sinns ohne Beschleunigung der Angst. Als der Text in die verifizierten Knoten ging, atmete im Raum niemand auf. Sie wussten alle, dass ein guter Text in einer schlechten Lage nur begrenzte Macht hatte. David meldete, dass erste Knoten ihn bereits weitergaben. Noah schrieb eine knappe Nachricht: Kluger als das meiste, was heute gesagt wird. Amina schickte kein Lob, nur eine Zeile: Hilft, wenn es hält. Lina las den Satz und wollte gerade antworten, als auf dem größten Bildschirm eine neue Eilmeldung erschien. Mehrere Außenminister würden innerhalb der nächsten Stunde gemeinsam vor die Presse treten, um „angesichts der erhöhten globalen Nervosität und der Belastung internationaler Verfahren" koordinierte nächste Schritte anzukündigen. David sah auf seine Daten. Noah sah es im Flur auf einem Monitor. Amina bekam es gleichzeitig auf drei Kanälen. Der Staatssekretär in Brüssel kannte den Kerntext bereits. Und Lina, die auf die Zeile starrte, wusste noch bevor irgendjemand im Raum etwas sagte, dass all die Gegenmaßnahmen, Notfalltreffen und hektischen Verhandlungen der letzten Stunden vielleicht nie dazu gedacht gewesen waren, die Lage nur zu beruhigen. Vielleicht hatten sie vor allem Zeit geschaffen, damit jemand mit ruhiger Stimme vor die Kameras treten konnte und der Welt erklärte, warum ihre Zukunft jetzt enger werden müsse.

23. Lina muss entscheiden, wie GSC reagiert

Lina Koran hatte in den vergangenen Wochen oft das Gefühl gehabt, Entscheidungen zu treffen, doch jetzt begriff sie, dass sie bis zu diesem Moment vor allem Optionen verwaltet hatte. Optionen zwischen Tempo und Vorsicht, zwischen öffentlichem Druck und institutioneller Geduld, zwischen moralischer Klarheit und politischer Verantwortung. Jetzt war der Raum dieser Optionen plötzlich enger geworden. Auf den Bildschirmen im Raum liefen gleichzeitig mehrere Nachrichtenkanäle, und überall tauchte derselbe Satz auf, in leicht unterschiedlichen Varianten: Mehrere Außenminister bereiten eine koordinierte Stellungnahme zur Stabilisierung der internationalen Lage vor. Stabilisierung war ein Wort, das im politischen Alltag beruhigend klang. In diesem Moment klang es wie eine Grenze. Lina stand vor der großen Karte der regionalen GSC-Knoten und ließ den Blick darüber wandern, als könne sie dort erkennen, was sie eigentlich schon wusste. Tausende Menschen waren Teil dieser Bewegung geworden, weil sie geglaubt hatten, dass Geschichte nicht mehr nur hinter verschlossenen Türen verhandelt werden durfte. Und nun drohte genau diese Geschichte in den verschlossenen Räumen der Stabilisierung neu definiert zu werden. „Wir müssen reagieren“, sagte einer der Organisatoren im Raum, die Stimme kontrolliert, aber angespannt. Lina antwortete nicht sofort. Sie wusste, dass jede Reaktion jetzt zwei mögliche Wirkungen haben konnte. Wenn GSC zu laut wurde, würde man sagen, die Bewegung destabilisiere einen ohnehin fragilen internationalen Moment. Wenn sie zu leise blieb, würde man sagen, sie habe den politischen Raum bereits verloren. David war über die Verbindung aus Brooklyn zugeschaltet und beobachtete gleichzeitig mehrere Datenströme. Seine Stimme war ruhiger als die der anderen, aber Lina hörte darin eine Konzentration, die sie aus kritischen Momenten kannte. „Die Plattformdynamik kippt gerade“, sagte er. „In welche Richtung?“ fragte Lina. „Die Sicherheitsnarrative gewinnen.“ Lina sah wieder auf die Bildschirme. Mehrere

Kommentatoren diskutierten bereits, ob politische Reformprozesse in Zeiten globaler Nervosität pausieren müssten. Einer von ihnen sagte, verantwortungsvolle Bewegungen müssten verstehen, wann der historische Moment nicht für Druck, sondern für Stabilität spreche. Lina spürte, wie sich in ihr ein alter Gedanke meldete, der sie schon am Anfang dieses Weges begleitet hatte. Geschichte wurde selten von denen entschieden, die auf den perfekten Moment warteten. Aber sie konnte auch von denen zerstört werden, die jeden Moment zum ultimativen Moment erklärten. „Wir brauchen eine Linie", sagte der Organisator erneut. Lina nickte langsam. „Ja", sagte sie. „Aber nicht die, die alle erwarten." In Genf saß Amina Hassan in einem Raum mit mehreren Delegierten, als die Nachricht über die bevorstehende Außenministererklärung auch dort eintraf. Die Reaktionen im Raum waren sofort spürbar. Einige Delegierte wirkten erleichtert, als würde endlich jemand versuchen, die wachsende Nervosität politisch einzufangen. Andere wirkten besorgt, als könnten genau diese Worte den Reformprozess einfrieren. „Wenn sie Stabilität sagen, meinen sie möglicherweise Pause", sagte eine Delegierte aus Lateinamerika leise. Ein europäischer Missionsleiter antwortete: „Oder sie meinen, dass wir den Prozess vorsichtiger formulieren müssen." Amina hörte die beiden und wusste, dass beide Interpretationen möglich waren. Genau darin lag die politische Kraft dieser kommenden Erklärung. Sie würde wahrscheinlich so formuliert sein, dass jede Seite darin lesen konnte, was sie brauchte. Doch genau diese Mehrdeutigkeit konnte auch den Raum verengen, in dem Bewegung und Institution gemeinsam handeln konnten. In Wien stand Noah Stein im Flur eines Studios und sah auf sein Telefon, während eine Redakteurin hinter ihm bereits den nächsten Beitrag vorbereitete. Die Außenministererklärung war noch nicht veröffentlicht, aber ihre Bedeutung wurde bereits analysiert. Einige Kommentatoren sagten, sie könne eine Eskalationsspirale stoppen. Andere warnten, sie könne den Reformprozess politisch neutralisieren. Noah dachte daran, wie schnell sich die Geschichte in den letzten Tagen verdichtet hatte. Noch vor kurzem war die zentrale Frage gewesen, ob eine globale demokratische Bewegung institutionellen Zugang finden könne. Jetzt lautete die Frage, ob sie in einer Phase internationaler Nervosität überhaupt noch politisch sprechen durfte. In Brüssel saß der Staatssekretär des Machtblocks vor einem Bildschirm, auf dem gerade der Entwurf jener Außenministererklärung erschien. Er las den Text langsam, während seine Berater still waren. Darin standen Worte wie Stabilität, Verantwortung, internationale Kooperation und die Notwendigkeit, politische Spannungen zu reduzieren. Es war ein vorsichtiger Text, aber seine Wirkung war klar. Wenn er richtig interpretiert wurde, konnte er den Reformprozess zumindest temporär in eine ruhigere Phase drängen. „Das ist klug formuliert", sagte die Kommunikationschefin. Der Staatssekretär nickte. „Ja." „Und GSC?" fragte sie. Der Staatssekretär sah kurz vom Bildschirm auf. „Sie stehen jetzt vor ihrer schwierigsten Entscheidung." In Manhattan stand Lina noch immer vor der Karte. Niemand im Raum sprach mehr. Sie wussten alle, dass der Moment gekommen war, in dem die Bewegung zeigen musste, ob sie nur Druck erzeugen konnte oder auch politische Reife besaß. Lina dachte an die ersten Gespräche aus Band eins, an die Zweifel aus Band zwei, an all die Male, in denen sie sich gefragt hatte, ob eine globale Bewegung überhaupt verantwortungsvoll genug sein konnte, um Geschichte zu öffnen. Jetzt war diese Frage keine Theorie mehr. Sie war eine Entscheidung. „Wenn wir jetzt eskalieren", sagte David aus dem Lautsprecher, „werden sie uns als Sicherheitsrisiko darstellen." Lina nickte. „Und wenn wir still bleiben?" „Dann könnten sie den Prozess ohne uns stabilisieren." Lina ging langsam zum Tisch und sah die Menschen um sich herum an. Sie waren erschöpft, aber sie warteten auf ihre Worte. „Die Welt hat gerade Angst", sagte sie schließlich. Niemand widersprach. „Und wenn Menschen Angst haben, reagieren sie auf das lauteste Signal." David verstand sofort, wohin ihr Gedanke führte. „Du willst also nicht laut sein." Lina sah ihn an. „Nein." Sie machte eine kurze Pause. „Ich will das falsche Signal verhindern." Einer der Organisatoren runzelte die Stirn. „Und was ist das richtige?" Lina sah wieder auf die

Bildschirme mit den Nachrichten, den Kommentaren, den diplomatischen Reaktionen. „Das Signal, dass wir nicht gegen Stabilität kämpfen." Im Raum wurde es stiller als zuvor. „Sondern?" fragte jemand leise. Lina antwortete ruhig: „Dass wir Stabilität größer denken als sie." In Genf sah Amina auf ihrem Bildschirm plötzlich eine neue Nachricht aus dem GSC-Kanal, die noch nicht öffentlich war. Sie bestand nur aus wenigen Sätzen, aber ihre Bedeutung war sofort klar. Die Bewegung würde in den kommenden Stunden keine Eskalationsmobilisierung ausrufen. Stattdessen würde sie weltweit zu ruhiger Präsenz, Dialog und institutioneller Verantwortung aufrufen. Amina las die Zeilen zweimal und spürte, wie sich etwas in ihrem Brustkorb löste, das sie vorher nicht ganz benennen konnte. Nicht Erleichterung. Aber Raum. In Manhattan sah Lina, wie David die Leitlinie in die Netzwerke einspeiste. „Sie geht raus", sagte er. Lina nickte, ohne aufzusehen. Sie wusste, dass diese Entscheidung nicht nur politisch war. Sie war auch ein Risiko. Wenn die Staaten den Raum jetzt trotzdem schlossen, würde die Bewegung schwächer erscheinen. Wenn sie ihn offen hielten, konnte der Prozess weitergehen. Auf einem der Bildschirme erschien plötzlich die Liveübertragung der Außenminister, die gerade ihre gemeinsame Erklärung begannen. Lina sah auf das Bild und wusste, dass ihre Entscheidung nur Sekunden vor diesem Moment gefallen war. Und genau als der erste Minister das Wort Stabilität aussprach, erschien auf Davids Monitor eine neue Meldung aus einem diplomatischen Kanal: Mehrere Staaten hätten intern reagiert, weil sie nicht erwartet hätten, dass GSC in diesem Moment deeskalierend auftreten würde.

24. Die große Rede oder Handlung, die den Kurs neu setzt

Als Lina Koran vor die Kameras trat, war die Welt bereits in jener überhitzten Zwischenphase angekommen, in der jedes Gesicht zu groß und jeder Satz zu folgenreich wirkte, um noch bloß ein öffentlicher Auftritt zu sein. Der Raum, den man ihr in Manhattan für die Erklärung organisiert hatte, war klein genug, um keine Machtpose zu erzeugen, und groß genug, damit alle wussten, dass nichts daran privat war. Kein Podium, keine Flaggenkulisse, kein choreografierter Triumph der Bewegung. Nur ein schlichtes Rednerpult, eine Wand, zu neutral, um beruhigend zu sein, und vor ihr die verdichtete Gegenwart aus Objektiven, Liveschalten, Notizblöcken, Mobiltelefonen und jener angestrengten Stille, die entsteht, wenn Menschen ahnen, dass ein Satz die Richtung eines historischen Moments verändern könnte. Auf Bildschirmen in Wien, Genf, Brüssel, Nairobi, São Paulo, Delhi und Toronto lief dieselbe Einblendung. In Nachrichtensendern stand ihr Name inzwischen nicht mehr nur für eine Person, sondern für einen Testfall: Würde die Bewegung die Angst weiter aufladen, oder würde sie einen Schritt setzen, der die Logik des Konflikts neu ordnete? Im Arbeitsraum hinter der Trennwand saß David vor einem offenen Monitoringfenster und verfolgte gleichzeitig die ersten regionalen Reaktionen auf die bereits in die Knoten geschickte Deeskalationslinie, die Plattformresonanz auf die Außenministererklärung und die Statusmeldungen aus mehreren Städten, in denen lokale GSC-Gruppen begonnen hatten, Banner mit neuem Wording zu drucken oder ausgedruckte Leitlinien in Versammlungsräumen auszuhängen. Kein Endkampf. Keine Belagerung. Keine historische Unvermeidlichkeit. Ruhige Präsenz. Öffentliche Reife. Schutz des politischen Sinns ohne Beschleunigung der Angst. Es war die unheroischste Sprache, die GSC je in einem Moment maximaler Sichtbarkeit gesprochen hatte, und genau deshalb war sie gefährlich. Sie konnte als Stärke gelesen werden. Oder als Rückzug. Oder als überraschende politische Erwachsenheit, die den Machtblock um sein saubersten Feindbild brachte. In Genf stand Amina Hassan in einem Seitenraum, den sie sich für diese Übertragung gegen mehrere konkurrierende Termine freigekämpft hatte. Auf dem Tisch vor ihr lagen der Entwurf des institutionellen Stabilisierungstexts, die Notizen aus dem kleinen informellen Kreis und drei neue Nachrichten von Delegationen, die plötzlich wissen wollten, ob die Bewegung ihre Deeskalationslinie ernst meine oder nur taktisch vor der nächsten Konfrontation Luft hole. Amina hatte auf keine davon sofort geantwortet. Sie wollte zuerst sehen, ob Lina nur beruhigte oder ob sie tatsächlich einen Satz fand, der die verengte Welt wieder etwas weiter machte. Im Studio in Wien sagte ein Moderator gerade, man dürfe gespannt sein, ob Global System Change den eingeschlagenen Weg der Mäßigung fortsetze oder ob die folgende Erklärung doch wieder politischen Maximaldruck enthalte. Noah Stein, der wenige Minuten später in dieselbe Sendung zugeschaltet werden sollte, hörte den Satz über einen kleinen Lautsprecher im Flur und dachte, dass bereits diese Gegenüberstellung den Fehler der Lage verriet. Als gäbe es nur Mäßigung oder Maximaldruck. Als läge politische Größe nur in Rückzug oder Härte. Genau da war der Raum in den letzten Tagen so eng geworden. Nicht nur in Institutionen, sondern in der Sprache selbst. Lina trat an das Pult, legte keine Hand auf den Rand, suchte keine Geste, die Entschlossenheit bedeuten sollte, und begann nicht sofort. Sie ließ eine Sekunde vergehen, dann noch eine halbe, gerade lang genug, dass selbst die hektischen Redaktionen merkten, dass dieser Auftritt nicht den Takt ihrer Aufregung übernehmen würde. Als sie sprach, war ihre Stimme niedriger als in den großen Momenten aus Band zwei, weniger von Dringlichkeit getragen, eher von jener Schwere, die entsteht, wenn ein Mensch sich nicht in den Mittelpunkt stellt, obwohl alle Blicke ihn dorthin drängen. Sie sagte, die Welt befinde sich in einer Phase realer Anspannung, und jeder, der das nicht erkenne, verdiene kein politisches Vertrauen. Sie sagte, die gegenwärtige Nervosität sei nicht eingebildet, nicht bloß medial, nicht bloß instrumental, sondern das Ergebnis mehrerer übereinanderlaufender Belastungen: gesellschaftlicher Polarisierung, institutioneller Fragilität, wirtschaftlicher Unsicherheit und einer sicherheitspolitischen Wahrnehmung, die inzwischen jedes Signal härter lese als noch vor Wochen. Schon nach diesen ersten Sätzen wurde in manchen Redaktionen unruhig umdisponiert, weil ihre Worte nicht in das erwartete Skript passten. Sie bestritt die Angst nicht. Sie übernahm sie auch nicht. Sie nahm ihr den Status der Waffe und gab ihr den Status eines politischen Problems zurück. Dann sagte sie etwas, das in mehreren Hauptstädten fast gleichzeitig notiert wurde. Dass Stabilität nicht die Abwesenheit von Veränderung sei. Dass die Welt gerade deshalb so nervös geworden sei, weil sie zu lange versucht habe, globale Probleme mit politischen Formen zu verwalten, die ihrer Reichweite nicht mehr entsprächen. Dass Angst vor Kontrollverlust verständlich sei, aber keine Zukunftsordnung ersetzen könne. Und dass Verantwortung in einer solchen Lage nicht heiße, jede Öffnung einzufrieren, sondern sie so zu führen, dass weder Panik noch Machtreflexe die Richtung bestimmen. In Brüssel hob der Staatssekretär des Machtblocks den Blick vom vorbereiteten Gegenbriefing, als genau dieser Abschnitt lief. Die Kommunikationschefin, die neben ihm stand, sagte nichts, aber ihr Schweigen war von jener Qualität, in der professionelle Menschen registrieren, dass der Gegner soeben einen schlechter vorbereiteten Zug vermieden hat. Lina sprach nicht gegen Stabilität. Sie kappte die sauberste Trennlinie, auf die der Machtblock in den letzten Tagen gesetzt hatte. Nicht Bewegung oder Ordnung, nicht Druck oder Verantwortung, sondern eine neue Definition des Gegensatzes selbst. In Genf trat Amina unwillkürlich einen halben Schritt näher an den Bildschirm. Sie wusste, dass Sprache allein keine Verfahren rettete. Aber sie wusste auch, dass Verfahren in solchen Lagen sterben konnten, wenn die Sprache ihre politische Luft verlor. Lina fuhr fort, und jetzt wurde ihre Erklärung schärfer, ohne lauter zu werden. Sie sagte, GSC werde in dieser Phase weder zu globaler Eskalationsmobilisierung noch zu institutioneller Einschüchterung aufrufen. Die

Bewegung werde keine Bilder produzieren, die sich wie Belagerung lesen ließen, keine Endkampfrhetorik bedienen und keine historische Erpressung simulieren. Nicht, weil der politische Sinn ihrer Forderung kleiner geworden sei, sondern weil er größer geworden sei. Wer in einer Welt der Angst nur noch auf maximale Sichtbarkeit setze, verwechsle Geschichte mit Adrenalin. Wer dagegen aus Angst vor der Nervosität jede strukturelle Frage vertage, verwechsle Beruhigung mit Verantwortung. Dann kam der Satz, der später in mehreren Sprachen zirkulieren sollte, zuerst umstritten, dann zitiert, dann analysiert, dann gefürchtet. Wir werden der Welt nicht beweisen, dass sie recht hat, wenn sie in uns nur Beschleunigung sieht. Aber wir werden ihr auch nicht erlauben, aus ihrer Angst ein neues Monopol auf Zukunft zu machen. Im Flur des Wiener Studios blieb sogar ein Assistent kurz stehen, der die politische Logik des Konflikts nur halb verstand, weil die Stimme, mit der der Satz gesprochen wurde, nichts vom Rhythmus einer Parole hatte und gerade dadurch schwerer wirkte. Noah, der am Ende des Korridors auf seine Zuschaltung wartete, schloss für einen Augenblick die Augen. Nicht aus Rührung, eher aus der seltenen Erfahrung, einen Satz zu hören, der eine verengte Lage nicht vereinfachte, sondern neu schnitt. Im Arbeitsraum in Manhattan sagten zwei der jüngeren Organisatoren gleichzeitig leise etwas, dann verstummten sie wieder, als Lina sichtbar vom Manuskript abrückte, das ohnehin nur aus wenigen Stichwörtern bestanden hatte. Nun sprach sie freier, und genau daran erkannte David, dass der eigentliche Teil ihrer Entscheidung erst jetzt kam. Sie sagte, GSC werde weltweit lokale Foren, öffentliche Gesprächsräume, dokumentierte Bürgergespräche und ruhige Versammlungen fördern, in denen Menschen nicht zwischen Angst und Gehorsam wählen müssten. Die Bewegung werde in den nächsten Tagen keine Bilder der Überwältigung produzieren, sondern Bilder der politischen Mündigkeit. Keine Plätze im Namen der Zukunft beanspruchen, sondern Räume schaffen, in denen Zukunft wieder gedacht werden könne, ohne sofort als Sicherheitsrisiko oder utopischer Übergriff gelesen zu werden. Damit änderte sie nicht nur den Ton. Sie verschob die Form der Bewegung selbst. Aus der Erwartung eines globalen Gegenprotests machte sie eine globale Gegenöffentlichkeit, die schwieriger zu kriminalisieren und schwieriger als bloßer Rückzug zu interpretieren war. David sah auf sein Monitoringfenster und bemerkte, wie in mehreren regionalen Knoten dieselbe Reaktion fast gleichzeitig aufkam: Verwirrung, gefolgt von Erleichterung, gefolgt von hektischer organisatorischer Aktivität. Nicht marschieren. Einladen. Nicht zuspitzen. Öffnen. Nicht die Straße als Kulisse der Entschlossenheit, sondern die Stadt als Raum des Gesprächs. Es war operativ komplizierter als eine reine Mobilisierungsgeste und symbolisch viel anspruchsvoller. Genau deshalb konnte es wirken. In Genf erhielt Amina beinahe gleichzeitig erste Rückmeldungen aus zwei Delegationen, die noch vor einer halben Stunde auf härtere Distanz zu GSC gedrängt hatten. Nun hieß es, man müsse die Erklärung sorgfältig prüfen; der deeskalierende Ansatz der Bewegung verdiene es, in der institutionellen Bewertung berücksichtigt zu werden. Es war keine Kapitulation. Nur ein Satz. Aber in einer Lage wie dieser konnten Sätze Luft schaffen. Lina sagte nun den heikelsten Teil. Sie wandte sich direkt an Regierungen und Institutionen, ohne sie anzugreifen. Wer jetzt behaupte, der politische Prozess müsse aus Verantwortung eingefroren werden, weil die Welt nervös sei, mache aus Nervosität ein Herrschaftsinstrument. Wer umgekehrt glaube, die Größe der historischen Aufgabe legitimiere jede Form öffentlicher Drucksteigerung, missverstehe die Verantwortung einer Bewegung, die angetreten sei, Demokratie zu vertiefen und nicht ihre Gegner in ihren schlimmsten Ängsten zu bestätigen. Darin lag die Zumutung ihrer Rede. Sie stellte beide Seiten nicht gleich. Aber sie verweigerte sich der billigen moralischen Geometrie, in der eine Seite rein aus Angst und die andere rein aus Hoffnung handelte. Gerade dadurch gewann sie etwas zurück, was in den letzten Kapiteln fast verschwunden war: einen Maßstab jenseits der Lagerlogik. Im Studio in Wien schaltete man hektisch um, weil ein Kommentator, der für die Gegenposition geladen worden war, sichtlich rang, wie er auf eine Rede reagieren sollte, die weder radikal genug klang, um als Bedrohung sauber zu dienen, noch weich genug, um als Rückzug gefeiert werden zu können. Noah hörte im Knopf, wie die Redaktion fragte, ob man jetzt stärker auf den Begriff Mündigkeit gehen solle. Er antwortete nicht. Er beobachtete nur, wie Lina zum letzten Teil kam. Dort lag die eigentliche Handlung, die den Kurs neu setzte. Nicht in der Rede selbst, sondern in dem, was sie daraus machte. GSC werde, sagte sie, in den nächsten vierundzwanzig Stunden eine offene, transnationale Bürgerkonsultation starten, nicht zur Ersetzung von Institutionen, nicht als Gegenmandat, sondern als öffentliche Dokumentation dessen, was Menschen in dieser Lage für verantwortbare globale politische Reife hielten. Keine Abstimmung über Macht. Keine symbolische Schattenverfassung. Sondern eine strukturierte Sammlung von Aussagen, Forderungen, Grenzen, Sorgen und Prioritäten aus Städten, Gemeinden, Hochschulen, Gewerkschaften, Berufsverbänden, Nachbarschaften, digitalen Foren. Alles öffentlich dokumentiert, übersetzbar, zugänglich gemacht für Delegationen, Medien, Institutionen und Regierungen. Damit entzog sie dem Machtblock den Vorwurf der verdeckten Vorstrukturierung und zugleich der Angstphase das Monopol auf den Begriff Verantwortung. GSC würde nicht aufhören, politisch zu sein. Aber die Bewegung würde ihr Politischsein jetzt nicht als Lautstärke, sondern als dokumentierte Zivilität organisieren. Im Raum in Manhattan war nach diesen Sätzen niemand mehr still, obwohl niemand sprach. Die Spannung entlud sich nicht in Erleichterung, sondern in der abrupten Einsicht, dass sie soeben nicht nur eine Erklärung gesendet, sondern eine Arbeitslawine ausgelöst hatte. David wusste es als Erster, weil auf seinen Bildschirmen schon die ersten Fragen aus regionalen Knoten aufliefen. Templates? Moderationsregeln? Übersetzungsprotokolle? Verifizierungsformat? Partnerorganisationen? Archivierung? Missbrauchsschutz? Er hätte fluchen können. Stattdessen lächelte er zum ersten Mal an diesem Tag kurz, freudlos und fast dankbar. Das war keine Flucht aus der Krise. Es war eine Bewegung in sie hinein, aber auf einem anderen

Terrain. In Genf saß Amina bereits mit einer Kollegin über dem institutionellen Text, als sie sich sagen hörte: „Wenn wir das richtig lesen, dann ist das kein Gegendruck. Es ist ein Angebot, den öffentlichen Raum zu entgiften, ohne die politische Frage zu verraten." Die Kollegin antwortete nicht sofort. Dann sagte sie: „Einige werden es trotzdem als Parallelprozess lesen." „Ja", sagte Amina. „Aber sehr viel schwerer als vorher." In Brüssel las der Staatssekretär inzwischen die ersten Echtzeitauswertungen zur Rede. Die Kommunikationschefin sagte, es werde komplizierter, GSC als bloße Eskalationsmaschine darzustellen. Ein Berater warf ein, man könne nun argumentieren, die Bewegung professionalisiere ihre Einflussnahme nur eleganter. Der Staatssekretär schüttelte langsam den Kopf. „Zu früh", sagte er. „Wenn wir jetzt sofort mit dieser Linie kommen, wirken wir, als bräuchten wir ihre Eskalation mehr, als sie selbst." Es war ein Satz, den er ungern aussprach, weil er eine Wahrheit enthielt, die er lieber auf der Gegenseite verortet hätte. Lina hatte mit ihrer Handlung die semantische Front verschoben. Nicht endgültig. Aber sichtbar. In Toronto sah Mara die Rede auf einem kleinen Bildschirm im Pausenraum ihres Büros und merkte erst beim letzten Teil, warum sie sie so seltsam erleichterte. Nicht weil Lina die Lage verharmloste. Im Gegenteil. Sie sprach die Angst so deutlich an, dass nichts daran wie Beruhigung wirkte. Aber sie zwang die Welt nicht, zwischen Stillstand und Krawall zu wählen. Als die Ankündigung der Bürgerkonsultation kam, schrieb Mara ohne lange nachzudenken in ihre lokale GSC-Gruppe: Dann laden wir heute Abend nicht zum Protest, sondern zum offenen Tisch in der Bibliothek. Zehn Sekunden später antworteten drei Leute fast gleichzeitig. In Wien wurde Noah schließlich zugeschaltet. Der Moderator fragte, ob man das als Rücknahme der Bewegung oder als strategische Umformung lesen müsse. Noah sah direkt in die Kamera und sagte, man habe soeben etwas Seltenes erlebt: eine politische Führungsentscheidung, die auf maximale Sichtbarkeit hätte setzen können und stattdessen den Maßstab der Reife gegen die Dramaturgie der Angst verteidigt habe. Das sei weder Rückzug noch Triumph. Es sei der Versuch, einen historischen Prozess vor zwei gleich gefährlichen Verzerrungen zu retten: vor staatlicher Einfrierung durch Sicherheitsrhetorik und vor bewegungsinterner Selbstverwechslung mit geschichtlicher Zwangsläufigkeit. Der Moderator wollte nachfassen, doch in diesem Moment lief im unteren Ticker bereits die erste Nachricht aus Genf: Mehrere Delegationen fordern Neubewertung der geplanten Verfahrensbegrenzungen nach der jüngsten Deeskalationserklärung von GSC. In Manhattan blieb Lina noch am Pult stehen, nachdem sie geendet hatte. Nicht zu lange. Nur kurz genug, um die letzte Stille nicht wie Leere wirken zu lassen. Dann trat sie zurück. Keine Geste des Sieges, kein Blick, der Bestätigung suchte. Als sie hinter die Trennwand kam, war David bereits dabei, die Infrastruktur für die angekündigte Konsultation hochzuziehen, Organisatoren standen über Listen gebeugt, jemand telefonierte mit Nairobi, jemand mit Buenos Aires, jemand schickte Richtlinien an Toronto. Lina nahm das erste Glas Wasser des Tages in die Hand, trank nicht sofort und fragte nur: „Was machen sie?" David sah auf seine Monitore. „Noch lesen sie." Sie nickte langsam. Noch lesen sie. Es war der kostbarste Zustand der Welt in diesem Moment. Nicht schreien, nicht zuschlagen, nicht einfrieren. Lesen. In Genf stand Amina wieder im Flur, als ein Delegierter aus einem bislang zurückhaltenden Staat ihr entgegenkam und zum ersten Mal seit Tagen keine Distanzformel, sondern einen echten Satz sagte. „Vielleicht", sagte er, „haben wir gerade den ersten Beweis gesehen, dass diese Bewegung nicht nur Druck erzeugen, sondern Last tragen kann." Amina wollte antworten, kam aber nicht dazu, weil ihr Telefon vibrierte. Eine Prioritätsnachricht aus New York, knapp, fast trocken formuliert: Das vorbereitete Außenministerpapier wird in letzter Minute überarbeitet. Mehrere Regierungen verlangen neue Passage zur Aufrechterhaltung des politischen Pfads. Amina las die Zeile, hob den Kopf und wusste, dass die Rede den Kurs tatsächlich neu gesetzt hatte. Nicht weil sie die Krise beendet hätte. Sondern weil sie gerade genug verändert hatte, um im Machtblock Unruhe auszulösen. Im selben Augenblick erschien in Manhattan auf dem größten Bildschirm eine Eilmeldung, die noch vor einer Stunde unmöglich gewirkt hätte: Dringendes Sondergespräch zwischen moderaten Staaten und institutionellen Vertretern einberufen, nachdem GSC seine globale Linie überraschend auf öffentliche Reife und Deeskalation umgestellt hat. Lina stellte das Glas ab, sah auf die Meldung und begriff, dass mit der Rede nicht nur ein Raum gerettet worden war. Es war ein Gegner aus dem Tritt geraten.

Teil V — Umsturz

25. Die politische Linie verschiebt sich

In the hours after Lina's speech the world did not calm down, but something subtler and in some ways more dangerous began to happen: the direction of the argument started to move. At first the shift was almost invisible, buried in phrasing changes inside diplomatic cables, in cautious editorials that replaced the word destabilization with the word responsibility, in television panels where analysts suddenly began to argue not whether the process should exist but how it could survive the moment without breaking the system around it. None of this looked like victory. It looked like hesitation. But hesitation inside power structures could be the beginning of movement. In Geneva Amina Hassan saw the shift first in the small things, which were always the real indicators of institutional weather. The language in the emergency coordination document changed from "containment of non-state pressure" to "management of expanded civic engagement." A footnote appeared asking whether the emerging public consultations initiated by GSC might be documented as a parallel information stream rather than dismissed as agitation. One delegation that had previously demanded suspension of the reform track requested clarification on procedural continuity instead. None of these moves meant endorsement. They meant uncertainty, and uncertainty inside institutions often meant the beginning of negotiation. Amina leaned back in her chair and read the revisions again, feeling the peculiar tension that comes when a process one has spent months protecting suddenly begins to breathe on its own. Around her the building still carried the anxious rhythm of crisis diplomacy: hurried footsteps in corridors, translators called back from off-duty shifts, screens filled with updated positions and carefully coded phrases. Yet somewhere inside the machinery the tone had shifted half a degree. In Manhattan David Reyes saw the same change expressed through a different language: data. When Lina's speech ended, the global reaction streams had initially exploded into the usual polar chaos—praise, suspicion, conspiracy threads, attempts to reframe the speech as surrender, attempts to reframe it as manipulation. But after the first wave something unexpected had happened. The citizens' consultation call began spreading not as outrage or triumph but as an invitation. City nodes started organizing local discussions within hours. Libraries opened late. Universities offered rooms. A labor union in Buenos Aires announced a forum about global governance and worker protections. A municipal council in Finland said it would host an open civic evening to discuss the proposal. Even critics began sharing the link, if only to dissect it. David watched the participation graph climb and felt both pride and dread. This was no longer just a movement moment. It was infrastructure. Infrastructure created expectations, and expectations could collapse under the weight of their own scale. "This is getting bigger than we planned," one of the platform engineers muttered beside him. David nodded without looking away from the screen. "It was always going to." "No," the engineer said quietly. "I mean faster." Across the Atlantic Noah Stein sat in a small editing booth where the air smelled faintly of overheated electronics and stale coffee. The newsroom had called him back after his first analysis segment because something in the tone of the debate had changed. He could see it even before the producer said it out loud. The question was no longer whether the GSC response had calmed the situation. The question now circulating among commentators was whether governments could still claim to represent the only responsible channel for managing global risk if millions of citizens were suddenly participating in a documented, structured conversation about political legitimacy. Noah understood immediately why this made many editors nervous. For years the boundary between public discourse and institutional decision had been protected by complexity. The citizen consultation threatened to dissolve that barrier without turning into a mob. It was harder to dismiss than a protest and harder to control than a committee. When the red light in the studio blinked on again, the host asked him if the movement had just forced the political center of gravity to shift. Noah chose his words carefully. "Not forced," he said. "But invited. And invitations can be harder to ignore than pressure." In Brussels the reaction was colder. The sovereignty bloc had not missed what was happening. The same state secretary who had followed Lina's speech earlier now sat with a smaller group of advisers in a closed conference room, reviewing intelligence summaries and media analyses with increasing irritation. The graphs on the wall showed the same pattern David had seen: the consultation spreading through civil society networks at a speed that was difficult to suppress without looking authoritarian. "They are reframing the battlefield," one adviser said. The state secretary nodded slowly. "Yes. And they are doing it in a way that punishes overreaction." "We can still attack the legitimacy," another adviser insisted. "Call it manipulation." "We will," the state secretary replied calmly. "But we cannot do it while they are hosting public conversations in churches and universities." He stood and walked toward the window overlooking the city. The sky above Brussels was gray, the kind of European afternoon that made every building look slightly defensive. "They are shifting the political line," he said quietly. "From confrontation to responsibility. If that perception settles, our argument becomes defensive." Back in Geneva Amina felt her phone vibrate again. This time the message came from a delegation that had previously aligned closely with the sovereignty bloc. The wording was cautious, almost bureaucratically polite, but its meaning was unmistakable: they wanted to explore procedural safeguards that might allow the reform track to continue without appearing to surrender national authority. Amina read the message twice, not because it was complicated but because it represented exactly the crack she had hoped might appear. The process was not winning yet. But the fear that had frozen it was beginning to loosen. Meanwhile the consultations themselves were spreading faster than anyone inside GSC headquarters had predicted. In Nairobi a youth organization broadcast a public debate from a community hall packed with students and workers. In São Paulo a legal collective opened a forum about constitutional pathways for global accountability. In Seoul a group of software engineers discussed digital voting safeguards. None of these gatherings were coordinated from the center. They simply appeared, one after another, like sparks catching on dry ground. Lina Koran watched some of the feeds from a quiet corner of the operations room in Manhattan, feeling the same mixture of relief and apprehension that had followed every turning point since the beginning of the movement. She knew the shift was real. The argument had moved. But she also knew something else: shifts created backlash. Every step that made the movement look responsible would provoke new attempts to portray it as dangerously ambitious. Every sign of maturity would trigger accusations of hidden power. She thought about the leaders on the other side of the conflict, the ones who genuinely believed that global democratization under crisis conditions could fracture the fragile equilibrium of the world. They were not cartoon villains. They were people who feared chaos more than stagnation. And if they felt cornered, they might escalate again. The door behind her opened and David entered with a tablet in his hand. "You should see this," he said. Lina looked up. "Good news or bad?" "Depends how you define good." He turned the screen toward her. The headline came from a major international network and was already being translated into several languages: Multiple governments reconsider opposition as global citizen consultations reshape debate on democratic reform. Lina read the line slowly. For a moment she allowed herself to breathe. Not victory. Not even close. But the axis of the conversation had undeniably shifted. "They didn't expect that," David said. Lina shook her head. "Neither did we." She stood and walked toward the large screen where the live consultation map glowed with hundreds of small lights representing discussion hubs around the world. Each light was fragile. Each one could fade if the pressure returned. But together they formed something that looked almost like a network of new political gravity. As she watched, another notification appeared in the corner of the screen. David saw it at the same time. The alert came from Geneva, flagged with the highest diplomatic priority. Amina Hassan was requesting immediate contact. Lina opened the message. It contained only one sentence, but it made the air in the room feel suddenly thinner: Several delegations are proposing an emergency procedural vote to formally anchor the reform process before opposition reorganizes. David looked at Lina. "That means—" "Yes," she said quietly. The political line had shifted. But now it might move again, faster than anyone was prepared for.

26. Institutionen und Bewegung handeln enger zusammen

The call from Geneva came at an hour when the world should have been quieter but was not, because crisis time had dissolved the old rhythm of night and day and replaced it with a permanent, strained alertness that lived in screens and phones and sleepless corridors. Lina answered on the second ring and immediately saw Amina Hassan's face on the encrypted channel, pale under the cold lights of a conference room that had clearly been in use for far too many hours. For a moment neither woman spoke because both understood that the distance between them was no longer merely geographic. It was the thin space between public movement and institutional procedure, the place where history either locked or opened. "The proposal is real," Amina said without preamble. "Several delegations want to anchor the process now before the opposition reorganizes." Lina glanced toward David, who had already opened another monitoring window, his eyes moving across incoming diplomatic signals as if he could read the shifting intentions of governments in the rhythm of their metadata. "How many states?" Lina asked. "Enough to matter," Amina replied. "Not enough to be safe." In Geneva the corridors outside the small negotiation room had filled again with quiet clusters of diplomats and aides who were pretending not to be watching one another. The building carried the peculiar silence that descended when a procedural move might suddenly become a structural one. Inside the room the representatives who had initiated the emergency proposal were trying to phrase their argument carefully enough that it would sound like responsible stabilization rather than opportunistic acceleration. Amina had listened to them for twenty minutes before stepping outside to call Lina, because she knew something the room did not yet fully grasp: if the institutions moved too quickly without the movement's visible restraint, the sovereignty bloc would accuse them of collusion and panic the middle ground. But if they hesitated too long, the narrow opening created by Lina's speech might close again under renewed pressure. "They want to formalize the reform track as a protected procedural mandate," Amina said now. "A limited step. But once it exists, reversing it becomes extremely difficult." Lina walked slowly across the operations room in Manhattan while she listened, passing screens that showed the ongoing citizen consultations spreading like an improvised constellation across continents. Students speaking in lecture halls, local politicians debating in municipal buildings, workers discussing governance structures in union rooms. It was the quietest global mobilization she had ever seen, and perhaps the most powerful because it refused to look like a mobilization at all. "What do you need from us?" she asked. Amina did not answer immediately. The request she was about to make was the very thing the sovereignty bloc feared most and yet the only way the process might survive. "I need visible distance and visible support at the same time," she said finally. David looked up from his screen. "That's politically impossible." Amina's expression hardened slightly. "It's politically necessary." Lina understood the dilemma immediately. If GSC appeared to coordinate directly with the institutional vote, the entire reform process could be dismissed as movement capture. But if the movement remained completely silent, the delegations pushing the proposal would face the accusation that they were acting without public legitimacy. The only workable path was a narrow one: movement and institutions acting in parallel, close enough to reinforce each other but distant enough to preserve independence. "What exactly are they proposing?" Lina asked. Amina turned her camera slightly so Lina could see the draft language on the table beside her. It was short, almost deceptively technical, but its implications were enormous. The text proposed establishing a formal exploratory track within the international framework tasked with studying and preparing potential structures for a global democratic forum. Not a parliament yet. Not binding authority. But an officially recognized process that could not be easily dismissed as activist fantasy. "If it passes," Amina said quietly, "the question stops being whether global democratization should be discussed. It becomes how." In Brussels the state secretary of the sovereignty bloc was receiving similar updates at almost the same moment, and the atmosphere in his office had grown noticeably sharper. The consultation wave had already complicated the narrative. Now reports suggested that a group of governments might attempt to institutionalize the reform track before the bloc could reassert control of the diplomatic agenda. "They're moving faster than expected," one adviser said. The state secretary's expression did not change. "They are reacting to momentum," he replied. "Momentum is unstable." "Should we push back immediately?" another adviser asked. The state secretary considered this for a moment. If they attacked too aggressively now, they risked looking like defenders of stagnation against a movement that had just demonstrated unusual restraint. If they waited too long, the procedural anchor might already exist. "Prepare a response," he said finally. "But do not release it yet." Back in Manhattan Lina listened to Amina outline the narrow window the supportive delegations believed they had. The vote could happen within hours if the wording stabilized. But several undecided states were waiting to see whether the movement would escalate again or maintain the responsible tone it had set. "They are watching you," Amina said bluntly. Lina smiled faintly. "They always are." David was already calculating the implications aloud. "If we publicly support the process too directly, it becomes a coordinated push." "And if you distance yourselves completely," Amina replied, "they will claim the movement has lost interest." Lina stopped walking and looked at the map of consultation lights again. The movement had grown from an idea into a force precisely because it had refused to act like a traditional power center. Now that refusal was being tested in the most delicate way possible. "Then we don't do either," she said. David looked at her. "What does that mean?" Lina turned back to the screen. "It means we continue exactly what we said we would do." Amina understood instantly. The consultations would continue. The movement would keep demonstrating civic maturity rather than political pressure. That would create the public atmosphere necessary for governments to act without appearing coerced. "You're going to give them cover," Amina said slowly. Lina shook her head. "No. We're going to give them responsibility." In Vienna Noah Stein was watching the situation unfold through the increasingly frantic communication between editors, analysts, and diplomatic sources. The newsrooms had begun to sense that something more significant than another policy statement might be forming. Rumors of an emergency procedural vote were already circulating among political correspondents, though no one could confirm it yet. Noah leaned back in his chair and realized that the story was no longer simply about a movement confronting a system. It had become something more complex and far more fragile: the moment when a system cautiously allowed the movement's question to enter its own procedures. Meanwhile in Geneva the negotiation room had grown tense again as delegations argued over wording. Some wanted stronger language committing the institution to eventual structural reform. Others insisted on careful phrasing that preserved national sovereignty while still acknowledging the legitimacy of global democratic exploration. Amina returned to the table after her call with Lina and noticed immediately that the tone had shifted slightly. Several delegates had received new messages from their capitals. One of them looked up and said quietly, "The movement is continuing its consultations. No escalation." Amina nodded as if this were merely a detail, though inside she felt the fragile alignment of forces tightening into something almost coherent. Institution and movement were not merging. But they were beginning to move in the same direction. In Manhattan David refreshed the data streams again and saw that the consultations had crossed another threshold of participation. The numbers alone did not matter. What mattered was the tone of the discussions, the quiet seriousness with which people were talking about governance structures and legitimacy instead of shouting slogans. "They're holding the line," he said to

Lina. Lina watched the screen for a moment longer before answering. "Then the institutions have no excuse." Hours later, as diplomats in Geneva prepared to bring the draft resolution to the floor, a final alert flashed across David's monitor from a trusted diplomatic channel. He read the message once, then looked at Lina with an expression that mixed disbelief and cautious hope. "They're moving forward," he said quietly. Lina did not celebrate. She only asked the question that mattered. "Do they have the votes?" David checked the update again and felt the tension tighten in his chest. "They might," he said. "But the sovereignty bloc just requested emergency floor intervention."

27. Der Machtblock verliert Kontrolle über das Narrativ

The sovereignty bloc had spent years mastering the rhythm of political narrative, the ability to define events before they fully unfolded and thereby shape the limits of what others believed possible, but now, inside the dim conference room in Brussels where its senior strategists were gathering again, that rhythm was beginning to slip, not dramatically, not in a single catastrophic moment, but through a series of small dislocations that together produced something far more dangerous than defeat: loss of timing. The state secretary watched the latest briefing scroll across the table screen while aides moved quietly around him, the atmosphere tense but disciplined, the way it always became when experienced operators sensed that an advantage was thinning even before the evidence could fully prove it. The briefing was not alarming on its surface. It reported that citizen consultations connected to the Global System Change movement had continued across multiple regions, that participation was expanding among universities, labor groups, municipal forums, and civil society organizations, and that the tone of these discussions remained calm, structured, and surprisingly focused on procedural responsibility. None of this was revolutionary language. Yet the pattern beneath it carried a problem the bloc had not fully anticipated. For weeks they had prepared arguments portraying the movement as destabilizing, reckless, impatient with institutional limits. That narrative had worked well while protests filled the streets and the reform process looked like a surge of emotional momentum pressing against a fragile international system. But the consultations had changed the optics without abandoning the political objective, and the result was a discursive terrain in which the bloc's accusations sounded increasingly mismatched to the visible behavior of the movement. One of the communications advisers spoke first, carefully choosing words that would not sound like panic.

"The narrative environment is fragmenting," she said. The phrase was deliberately technical, but its meaning was obvious. "Explain," the state secretary replied. The adviser tapped the screen and a series of media analytics appeared, showing coverage patterns across major networks and digital platforms. "The initial response to Lina Koran's speech followed expectations. Polarization, skepticism, attempts to frame the consultations as manipulation. But over the last twelve hours the tone has shifted. Analysts are discussing civic maturity, political responsibility, and institutional openness. Even critics are acknowledging that the movement is not escalating." She hesitated briefly before continuing. "That weakens our argument that the reform track represents uncontrolled pressure." Across the room another adviser leaned forward. "Then we attack the consultations themselves," he said. "Call them staged influence operations." The communications adviser shook her head. "We have already tried variations of that line. It is not spreading well. Too many independent groups are hosting these forums without central coordination." The state secretary listened silently, his fingers folded in front of him, because he understood the deeper problem. The movement had not simply changed tactics. It had altered the emotional geometry of the crisis. By refusing confrontation in the moment of maximum tension, it had made every aggressive response look slightly disproportionate. That did not mean the bloc had lost. It meant the battlefield had moved. In Geneva the procedural debate was continuing inside a chamber that had begun to feel like the interior of a slowly tightening machine. Delegates spoke in measured tones, their words filtered through translators and protocol language, yet the tension beneath the diplomacy was unmistakable. The emergency proposal to anchor the reform process had now reached the stage where it could either dissolve into procedural delay or crystallize into a structural step. Amina Hassan sat at the edge of the negotiating table listening to interventions that sounded cautious but were actually the first signs of alignment. A representative from a mid-sized European state spoke about the importance of acknowledging the evolving civic conversation. Another delegate emphasized that the proposal did not impose institutional transformation but merely recognized the legitimacy of examining democratic structures at a global level. Each statement was modest. None declared allegiance to the movement. Yet taken together they shifted the frame in which the sovereignty bloc had expected to operate. In Vienna Noah Stein watched the debate through a secure feed while preparing notes for his next broadcast segment. The newsroom behind him hummed with restless activity as producers tried to interpret signals coming from Geneva and Brussels simultaneously. Noah had covered enough crises to recognize the pattern forming in real time. It was the moment when a dominant narrative began to fracture not because it had been refuted but because it no longer fit the observable reality of events. The sovereignty bloc had insisted that reform momentum represented destabilizing agitation. Now the most visible energy around the movement consisted of structured discussions, civic forums, and institutional dialogue. The old argument could still be repeated, but each repetition would sound increasingly disconnected from what viewers could see with their own eyes. He wrote a line in his notes: narrative lag produces political vulnerability. In Manhattan David Reyes was seeing the same phenomenon expressed through numbers rather than language. The consultation network had reached a scale that even he had not predicted when Lina announced it. More than two thousand local discussion events had registered across multiple continents, many of them organized spontaneously by groups that had never previously engaged with GSC infrastructure. But the crucial variable was not the size of the network. It was the absence of chaos. Participants were uploading transcripts, summaries, and recorded sessions in an orderly stream that made the entire process look less like activism and more like a distributed civic research project. David leaned back in his chair and rubbed his eyes. "They can't call this destabilization anymore," he murmured. Lina stood beside him studying the same dashboard. "They'll find something else," she said quietly. She understood too well that political power rarely abandoned its narratives willingly. The sovereignty bloc would adapt. But adaptation took time, and time was the rarest resource in a moment of institutional decision. In Brussels the state secretary finally spoke again after several minutes of silence. "Our mistake," he said slowly, "was assuming they needed confrontation to maintain legitimacy." The room remained still. "They do not," he continued. "They are attempting to demonstrate maturity under pressure. That reframes the entire conflict." One of the advisers frowned. "Then we escalate the security argument. Emphasize systemic risk." The state secretary considered this, then shook his head slightly. "We will use that argument if necessary. But it must be credible. If we invoke systemic risk while thousands of citizens are calmly discussing governance structures in libraries and universities, we appear hysterical." The word hung in the air longer than anyone expected. The sovereignty bloc had never liked to think of itself that way. In Geneva the procedural floor intervention requested by the bloc finally began. The delegate delivering it spoke with practiced authority, warning against institutional overreach and the dangers of rushing structural experimentation during a period of global uncertainty. His argument was coherent and rational, and for a moment the room seemed to lean back toward caution. But then another delegate requested the floor and responded with a single observation that shifted the emotional tone of the chamber. "The world is already discussing these questions," she said. "Our choice is not whether the conversation exists. It is whether institutions participate in guiding it responsibly." The remark was polite, almost understated, yet its implication was unmistakable. The narrative of destabilization had lost its exclusive grip. In Vienna Noah Stein listened to the exchange through his earpiece and realized that something subtle but historic had just happened. The sovereignty bloc had not been defeated in argument. It had simply lost the ability to define the terms of the debate alone. When the host signaled that he would go live in thirty seconds, Noah looked at the camera and thought about how fragile this moment remained. Narratives could fracture quickly, but they could also reassemble if the next sequence of events favored the old logic of fear. The red light switched on and the host asked the question that millions of viewers were now wondering: was the political center of gravity shifting? Noah answered carefully. "What we are seeing is not a victory for any side," he said. "It is the erosion of a monopoly over interpretation." In Manhattan David's monitor chimed with a new alert from the Geneva channel. He opened it immediately and felt a small surge of adrenaline. Lina saw the change in his expression. "What is it?" she asked. David turned the screen toward her. The message was brief but explosive in its implications: Several undecided states have signaled provisional support for the procedural anchor following public reaction to consultation process. Lina stared at the line for a moment, understanding exactly what it meant. The sovereignty bloc had not just lost narrative control. It had lost the moment in which that control could have stopped the process before it reached institutional momentum. David refreshed the feed again and saw another update appear beneath the first. He read it once, then looked up slowly. "The vote might happen tonight."

28. Ein formaler Durchbruch wird möglich

In Genf veränderte sich die Luft, noch bevor jemand das Wort Durchbruch aussprach. Es lag nicht an einem großen Satz, nicht an einem moralischen Triumph und nicht einmal an einer sichtbaren Mehrheitsbildung, sondern an jenem schwer beschreibbaren Moment, in dem erfahrene Menschen in politischen Räumen beginnen, anders zu sitzen, anders zu atmen, anders auf ihre Papiere zu schauen, weil sie spüren, dass eine Konstellation, die eben noch nur denkbar war, plötzlich als reales Verfahren vor ihnen liegt. Amina Hassan saß an einem Tisch, dessen Oberfläche inzwischen von zu vielen Entwürfen, Notizen, Korrekturen und halb geleerten Wassergläsern den Glanz der Sachlichkeit verloren hatte, und hörte einem Delegierten aus einem Staat zu, der noch am Vortag mit der Vorsicht des klassischen Mittelfelds gesprochen hatte. Nun sagte er in ruhigem Ton, seine Regierung könne sich unter klaren Schutzklauseln eine formale Verankerung eines explorativen institutionellen Pfads vorstellen, sofern ausdrücklich festgehalten werde, dass daraus weder eine Vorentscheidung über Kompetenzen noch eine Aufhebung staatlicher Souveränität folge. Es war kein revolutionärer Satz. Gerade deshalb war er so wichtig. Revolutionäre Sätze verschoben die Geschichte selten in solchen Räumen. Es waren die konditionierten, juristisch gesicherten, politisch angstverträglichen Sätze, die eine Tür gerade weit genug öffneten, damit man später nicht mehr so tun konnte, als sei sie nie aufgegangen. Amina machte sich keine Notiz, weil sie wusste, dass sie sich diesen Moment ohnehin einprägen würde. Neben ihr legte ein Mitarbeiter eine neue Übersicht hin, in der die Positionen der Delegationen mit Farben markiert waren. Noch vor Stunden hatte das Bild wie ein eingefrorenes Patt ausgesehen, nun begannen einige Felder ihre Temperatur zu wechseln. Nicht viele. Aber genug, um eine andere Rechnung zu erlauben. Einer der institutionellen Berater beugte sich zu ihr und sagte sehr leise: „Wenn zwei weitere halten und einer nicht kippt, können wir die Sache auf die Schiene setzen." Amina antwortete nicht sofort. Die Schiene.

Auch das war eines dieser Wörter, die in multilateralen Gebäuden größer waren, als sie klangen. Nicht Sieg, nicht Annahme, nicht Entscheidung. Schiene bedeutete: Ein Verfahren wird so in die Wirklichkeit eingebaut, dass spätere Gegner nicht mehr bei null beginnen können. In Manhattan stand Lina Koran vor der großen Karte der globalen Konsultationen und sah, wie aus Hunderten von ruhigen, lokalen Räumen etwas entstanden war, das selbst ihre Gegner nicht mehr sauber als destabilisierende Verdichtung beschreiben konnten. Die Bürgergespräche hatten inzwischen eine Form angenommen, die fast unheimlich wirkte, weil sie der Logik des Moments so wenig gehorchte. Während die Welt Sicherheitsrhetorik, Notfalltreffen und nervöse Marktkommentare produzierte, saßen in Dakar Menschen in einem Jugendzentrum und diskutierten, welche demokratischen Mindestbedingungen ein globales Forum erfüllen müsste, um nicht von Machtblöcken vereinnahmt zu werden. In Toronto moderierte Mara in einer Stadtteilbibliothek einen Kreis, in dem ein Gewerkschafter, eine Lehrerin, ein skeptischer Kleinunternehmer und zwei Studierende darüber stritten, ob globale Repräsentation subsidiär aufgebaut werden müsse oder ob die Krise gerade beweise, dass zu viel Rücksicht auf bestehende Ebenen immer wieder ins Nichts führe. In Seoul sprach eine Informatikerin über verifizierbare digitale Beteiligung. In Buenos Aires diskutierten Hafenarbeiter darüber, warum Lieferketten längst global seien, demokratische Verantwortlichkeit aber immer noch territorial verschnürt bleibe. Es war kein idealisiertes Weltbürgerballett. Es war oft mühsam, widersprüchlich, lokal gefärbt, voller alter Misstrauensreflexe. Aber gerade dadurch bekam es Gewicht. Es sah nicht aus wie die Inszenierung einer Bewegung, die sich einen Schattenstaat bauen wollte. Es sah aus wie der Versuch einer politischen Öffentlichkeit, erwachsen zu werden, während Systeme um ihre Nerven kämpften. David kam mit einem Tablet zu Lina, nicht schnell, aber mit jener konzentrierten Energie, die bedeutete, dass Zahlen gerade begonnen hatten, eine politische Form anzunehmen. „Genf verschiebt sich", sagte er. Lina nahm ihm das Gerät ab und las die aktualisierte Einschätzung. Mehrere

Delegationen seien bereit, einer formalisierten explorativen Spur zuzustimmen, sofern der Text strenge Sicherungen gegen unmittelbare Kompetenzübertragung, institutionelle Präjudizierung und informelle Akteursprivilegierung enthalte. Lina lächelte nicht. Sie wusste, dass jeder dieser Sicherungssätze gegen das ursprüngliche Pathos der Bewegung gelesen werden konnte. Aber genau darin lag die Wahrheit politischer Reife. Ein Weg in die Geschichte entstand selten, indem Forderungen ungebrochen übernommen wurden. Er entstand, wenn selbst begrenzte Systeme etwas aufnahmen, das sie gestern noch nicht einmal als verfahrensfähig anerkennen wollten. „Das reicht?" fragte sie. David sah wieder auf die Zahlen. „Vielleicht. Wenn die Linie hält." Lina gab ihm das Tablet zurück. „Dann müssen wir dafür sorgen, dass sie nicht wieder in Angst zurückfällt." In Wien hatte Noah Stein die Schicht gewechselt und war dennoch geblieben, weil auch in einem gut organisierten Studio irgendwann der Punkt kam, an dem Professionalität nur noch die Form von kollektivem Ausharren annahm. Auf mehreren Monitoren liefen Stellungnahmen aus Genf, Reaktionen aus Hauptstädten und Bilder aus den Konsultationsforen, die nun selbst zu einem Teil des Nachrichtenstroms geworden waren. Es irritierte ihn, wie schnell aus dem stillen civic turn der Bewegung nun ein geopolitischer Faktor geworden war. Nicht, weil diese Foren Macht besaßen, sondern weil sie den Raum verändert hatten, in dem Macht ihre Rechtfertigungen formulieren musste. Ein Produzent trat an ihn heran und sagte, man brauche für die nächste Sendung eine klare Einschätzung. Sei das jetzt der Moment, in dem aus einer Debatte ein institutioneller Durchbruch werden könne? Noah sah auf die Bildschirme und dachte an Band eins, an den Eintritt in den Raum der Geschichte, an den langen Weg von Analyse zu Sichtbarkeit, an Band zwei, an den Übergang von Legitimität zu Hebelwirkung, an die Ultimatumssituation, die alles beschleunigt hatte, und nun an diesen Punkt, an dem die größte Bewegung nicht darin bestand, dass jemand gewann, sondern dass die Form der internationalen Politik selbst sich gerade entscheiden musste, ob sie eine neue Frage in sich aufnehmen konnte. „Ja“, sagte er schließlich. „Aber nur, wenn man Durchbruch nicht mit Lösung verwechselt.“ Der Produzent verzog das Gesicht. „Zu klug.“ „Dann mach daraus eine schlechte Bauchbinde und lass mich den Rest sagen.“ In Brüssel hatte der Staatssekretär des Machtblocks die neuen Lageberichte bereits gelesen, als seine Kommunikationschefin ihm die zusammenfassende Einschätzung der letzten Stunden vorlegte. Die schlimmste Phase der Angst war nicht vorbei, aber sie hatte sich nicht in den totalen sicherheitspolitischen Vorrang verwandelt, auf den einige im Block gesetzt hatten. Stattdessen hatte die Deeskalationslinie von GSC mehreren moderaten Staaten eine Brücke geliefert, auf der sie Prozesskontinuität mit Verantwortung verbinden konnten. „Sie holen die Mitte zurück“, sagte die Kommunikationschefin. Der Staatssekretär widersprach nicht. Er hatte gelernt, Niederlagen nicht durch sofortige moralische Selbstberuhigung zu verkleinern. „Vorläufig“, sagte er nur. Ein jüngerer Berater fragte, ob man die Linie nun frontal angreifen müsse, bevor der Vorschlag formalisiert werde. Der Staatssekretär sah ihn mit jener stillen Härte an, die ihn in diesen Tagen gefährlicher machte als jede offene Empörung. „Nein. Wenn wir zu früh frontal gehen, treiben wir die Zögernden in ihre Arme. Wir müssen zeigen, dass wir nicht gegen Reformdiskussionen kämpfen, sondern gegen institutionelle Selbstüberforderung.“ „Aber wenn der Pfad formal verankert wird?“ fragte die Kommunikationschefin. Der Staatssekretär legte die Hand auf den Tisch, als müsse er das Gewicht des Gedankens körperlich fühlen. „Dann verschiebt sich der Krieg. Nicht mehr ob. Dann wie weit, wie schnell, mit welchen Grenzen. Und genau das dürfen wir nicht leichtfertig zulassen.“ Es war kein Satz der Panik. Aber es war der klarste Beweis dafür, dass selbst er verstand, was auf dem Spiel stand. In Genf wurde der Entwurf inzwischen von einer Version in die nächste überführt, jede kaum anders als die vorige und doch politisch entscheidend. Amina las Formulierungen wie explorativer institutioneller Pfad, vorbereitende Untersuchungs- und Konsultationsstruktur, Prüfung repräsentativer Modelle unter Wahrung bestehender völkerrechtlicher Ordnungen. Außenstehende hätten darin wahrscheinlich nur diplomatischen Nebel gesehen. Amina sah darin das Gegenteil. Das war die Sprache, in der Systeme sich dazu überreden ließen, neue Realitäten zunächst als Prüfauftrag zu akzeptieren, bevor sie sie als Zukunft anerkannten. Ein Delegierter aus einem bisher schwankenden Staat hob den Blick und sagte, seine Hauptstadt könne einen solchen Text mittragen, wenn im Präambelteil die aktuelle globale Nervosität ausdrücklich anerkannt werde. Eine Vertreterin aus Lateinamerika wollte hinzufügen, dass gesellschaftliche Beteiligung als legitime Informationsquelle des Prozesses benannt werde. Ein anderer verlangte, das Wort demokratisch nur einmal und nicht in der Zweckbestimmung, sondern in der Prüfrichtung zu verwenden. Jede dieser Forderungen war klein. Jede verschob etwas. Amina dachte, dass Geschichte in solchen Nächten weniger wie ein Sturm wirkte als wie der mühsame Bau einer Brücke aus Wörtern, über die später ganze Konflikte gehen würden. Ihr Telefon vibrierte mit einer Nachricht von Lina. Nur ein Satz: Sag mir, wenn wir schweigen müssen oder sprechen. Amina las ihn, legte das Telefon kurz auf den Tisch und schrieb dann zurück: Noch schweigen. Dein Schweigen ist gerade politischer als jede weitere Rede. In Manhattan sah Lina die Antwort und nickte fast unmerklich, als hätte sie damit gerechnet und doch eine letzte Bestätigung gebraucht. Einer der Organisatoren fragte, ob man nicht jetzt, wo der Druck offenbar wirke, vorsichtig von einem historischen Fenster sprechen sollte. Lina drehte sich zu ihm um. „Nein", sagte sie. „Nicht, solange das Fenster noch aus Papier ist." Niemand im Raum lachte. Aber einige atmeten anders. David sah sie kurz an und verstand. Genau das war der Unterschied zwischen Bewegungspathos und der Art von Ernst, die diese Tage verlangten. Ein formaler Durchbruch wurde möglich, gerade weil sie aufhörten, jede Möglichkeit bereits als Schicksal zu besingen. In Toronto saß Mara nach dem Bürgerforum mit zwei anderen Freiwilligen am Rand eines Tisches, auf dem noch Papierbecher und Notizzettel lagen. Jemand hatte den Livestream aus Genf auf einem Laptop offen gelassen, und obwohl keiner von ihnen alle prozeduralen Nuancen verstand, merkten sie, dass die Atmosphäre dort anders war als in den Tagen zuvor. Weniger Verteidigung. Mehr Suchbewegung. „Glaubst du, dass das wirklich was wird?“ fragte die Lehrerin von vorhin. Mara zuckte nicht mit den Schultern. Sie sah auf den Bildschirm, auf die Menschen in Anzügen, die noch immer in einer Sprache redeten, die nicht ihre war, und spürte trotzdem, dass irgendwo zwischen ihren eigenen Diskussionen in einer Bibliothek und diesen erschöpften Gesichtern in Genf ein dünner, realer Faden entstanden war. „Ich glaube“, sagte sie langsam, „dass sie zum ersten Mal nicht mehr so tun können, als ginge sie das alles nichts an.“ In Wien ging Noah wieder live. Der Moderator fragte, ob die Möglichkeit eines formalen Schrittes nicht in einer überhitzten Weltlage selbst schon unverantwortlich sei. Noah antwortete, dass genau darin die alte Logik gefangen bleibe. Wenn jede strukturelle Öffnung immer nur dann legitim sei, wenn die Welt völlig ruhig sei, dann werde sie nie geschehen, weil die Welt längst in einer permanenten Krisenüberlagerung lebe. Die Frage sei nicht, ob man in unruhigen Zeiten politische Form neu denken dürfe. Die Frage sei, ob man sie gerade dann so verantwortbar gestalten könne, dass Angst nicht wieder zum Dauerargument gegen Entwicklung werde. In Brüssel sah der Staatssekretär denselben Ausschnitt in einem späten Monitorzusammenschnitt und schaltete ihn nach wenigen Sekunden weg. Er brauchte den Satz nicht zu Ende hören, um zu wissen, warum er gefährlich war. Nicht weil er rhetorisch brillant war, sondern weil er der Mitte eine Rechtfertigung bot, sich vom gewohnten Reflex der Vertagung zu lösen. Genau das durfte nicht stabil werden. Er griff zum Telefon und sagte nur: „Wir brauchen eine letzte Intervention auf Präzedenz und institutionelle Grenze. Nicht hysterisch. Nicht defensiv. Nur hart genug, dass die Zögernden ihren Instinkt wieder hören.“ In Genf wurde kurz darauf tatsächlich eine letzte scharfe Wortmeldung vorbereitet, doch sie kam zu spät, um die Richtung ganz zurückzudrehen. Nicht weil die Gegner geschwiegen hätten, sondern weil die Mitte in Bewegung geraten war. Ein afrikanischer Missionsleiter, der zuvor fast durchgehend auf Verzögerung gesetzt hatte, sagte nun in kontrollierter Stimme, seine Regierung sehe das Risiko der Lage, glaube aber nicht, dass reine Verfahrensstillstellung dieses Risiko verringere. Ein asiatischer Vertreter fügte hinzu, gerade die Reaktion der Bewegung habe gezeigt, dass politische Öffnung nicht notwendig mit Eskalation einhergehen müsse. Und dann sagte eine europäische Delegierte jenen Satz, an dem Amina spürte, dass aus Möglichkeit wirklich Form werden konnte: „Wenn wir heute nicht einmal den explorativen Rahmen sichern, dann erklären wir der Welt faktisch, dass globale demokratische Reflexion nur als rhetorisches Ornament erlaubt ist, nie als Verfahren." Es war nicht laut gesagt. Aber es veränderte den Raum. Menschen begannen anders in ihre Texte zu sehen, nicht mehr nur nach Risiken, sondern nach den Bedingungen, unter denen ein Ja noch vertretbar war. Das war die entscheidende Verschiebung. Nicht ob man blockieren musste, sondern was blockierbar blieb, ohne sich selbst zu entlarven. Amina bekam die aktualisierte Stimmeneinschätzung wenige Minuten später auf den Bildschirm. Noch keine gesicherte Mehrheit. Aber eine reale, belastbare Möglichkeit. Nicht hypothetisch, nicht rhetorisch, nicht mehr nur Wunschprojektion. Sie spürte keine Euphorie, nur eine sehr klare Schärfe. Jetzt war Vorsicht wichtiger als Hoffnung. Denn genau in solchen Momenten konnte ein schlecht gesetzter Satz, ein falscher Leak, eine überdrehte Reaktion alles wieder in Angst zurückwerfen. Sie griff nach dem Telefon und rief Lina diesmal selbst an. Als Lina abhob, sagte Amina nicht mehr und nicht weniger als nötig. „Es ist möglich." Auf der anderen Seite herrschte für einen kurzen Moment Stille. Dann fragte Lina: „Wirklich?" Amina sah auf die Textversion vor sich, auf die Delegierten, die noch immer ihre roten Linien testeten, auf den dünnen Korridor zwischen Verantwortung und Eröffnung. „Ja", sagte sie. „Aber nur, wenn in den nächsten Stunden niemand der Angst wieder den Raum überlässt." Lina legte auf und sagte im Manhattaner Arbeitsraum nur einen Satz: „Ab jetzt machen wir nichts, was lauter ist als ihre Vernunft." David sah auf die Daten. Noch hielten die Konsultationen den ruhigen Ton. Noch kippten die Knoten nicht in Triumph. Noch arbeiteten Menschen in stillen Räumen an Fragen, die gestern nicht einmal institutionell geduldet worden wären. Dann sprang auf einem der Schirme in Manhattan, fast zeitgleich mit einem roten Hinweis in Genf und einer Nachricht in Noahs Studio, eine neue Agenturmeldung auf: Mehrere Staaten bestätigen, dass ein begrenzter, aber formaler Beschluss zur Sicherung des Reformpfads in der Nacht erstmals als realistische Option gilt. Lina starrte auf die Zeile und spürte, dass die Welt sich genau in diesem Moment einen Millimeter weit von ihrer alten Gewohnheit entfernte. Und noch bevor jemand im Raum das Wort sagte, wussten alle, dass dieser Millimeter genug sein konnte, um eine Ordnung für immer aus dem Gleichgewicht zu bringen.

29. Der Prozess wird irreversibel

In Genf lag eine seltsame Stille über dem Saal, eine Stille, die nichts mit Ruhe zu tun hatte, sondern mit der Erkenntnis, dass ein Raum sich an einen neuen Zustand gewöhnte, während seine Bewohner noch so taten, als arbeiteten sie an gewöhnlichen Textänderungen. Die Delegierten saßen vor ihren Unterlagen, ihre Stimmen waren weiterhin diplomatisch kontrolliert, ihre Sätze mit Vorsicht formuliert, aber etwas hatte sich in der Atmosphäre verschoben, etwas, das nicht mehr vollständig zurückgenommen werden konnte. Amina Hassan sah es an den kleinen Gesten: wie jemand, der zuvor konsequent auf Vertagung gedrängt hatte, nun über Formulierungen verhandelte statt über den Grundsatz; wie ein Vertreter eines skeptischen Staates plötzlich fragte, wie genau ein explorativer Rahmen strukturiert werden könne, statt ob er überhaupt existieren dürfe; wie ein anderer Delegierter vorschlug, den Berichtspfad direkt an mehrere institutionelle Ebenen anzubinden, damit die Ergebnisse später nicht als bloße Fußnote behandelt werden könnten. Diese Fragen klangen technisch, aber sie waren politisch explosiv, denn sie bedeuteten, dass die Debatte nicht mehr um das Ob kreiste, sondern um das Wie. Genau darin lag der Punkt, an dem Prozesse ihre Richtung wechselten. In Manhattan saß David Reyes vor den Monitoringfenstern und beobachtete denselben Moment aus einer völlig anderen Perspektive. Die Konsultationsnetzwerke liefen weiter, ruhig, fast unspektakulär, und doch hatte sich ihr Charakter verändert. Die Teilnehmerzahlen waren hoch geblieben, aber wichtiger war etwas anderes: die Diskussionen hatten begonnen, institutionelle Reaktionen einzubeziehen. Menschen sprachen nun nicht mehr nur über globale Demokratie als Idee, sondern über das konkrete Verfahren, das gerade in Genf verhandelt wurde. Einige Foren analysierten die vorgeschlagene Struktur, andere diskutierten, welche Garantien notwendig wären, um zu verhindern, dass ein globaler demokratischer Prozess von Machtblöcken absorbiert würde. David sah diese Gespräche und verstand, dass genau darin die gefährlichste Entwicklung für die Gegner der Reform lag. Sobald eine Öffentlichkeit beginnt, über die Architektur eines Prozesses zu sprechen, statt nur über seine Legitimität, wird die Existenz dieses Prozesses implizit anerkannt. Die Frage verschiebt sich von darf es das geben zu wie soll es aussehen. In Wien beobachtete Noah Stein, wie diese Verschiebung auch in den Medien sichtbar wurde. Die Kommentatoren, die noch vor Tagen gefragt hatten, ob die Bewegung zu weit gehe, diskutierten nun darüber, ob die Institutionen den Moment richtig gestalten könnten. Einige warnten vor übereilter Strukturpolitik, andere sprachen von einem historischen Lernprozess, doch fast niemand argumentierte mehr, dass das Thema selbst illegitim sei. Noah schrieb sich einen Satz in sein Notizbuch: Die Debatte hat das Stadium der Abwehr verlassen. Als er ihn noch einmal las, spürte er die Schwere dieser Feststellung. Denn sobald eine politische Frage das Stadium der Abwehr verlässt, beginnt die eigentliche Arbeit – und gleichzeitig die eigentliche Unumkehrbarkeit. In Brüssel saß der Staatssekretär des Machtblocks mit zwei engen Beratern vor einem Bildschirm, auf dem die neuesten Signale aus Genf zusammenliefen. Niemand im Raum sprach für mehrere Sekunden. Schließlich sagte einer der Berater leise: „Wenn sie den Rahmen beschließen, verlieren wir den Ausgangspunkt." Der Staatssekretär antwortete nicht sofort. Er hatte in seiner Karriere viele politische Schlachten gesehen und wusste, dass Niederlagen selten wie Explosionen klangen. Sie klangen eher wie ein leises Klicken, wenn ein Mechanismus einrastete, der später nur noch mit enormem Aufwand rückgängig gemacht werden konnte. „Der Ausgangspunkt ist bereits verloren", sagte er schließlich ruhig. „Die Frage ist nur noch, wie weit der Mechanismus geht." In Genf näherte sich der Text seiner finalen Form. Amina sah, wie die letzte Version auf den großen Bildschirm projiziert wurde. Die Formulierung war vorsichtig, fast unscheinbar. Sie sprach von der Einrichtung eines institutionellen Explorationspfads zur Untersuchung möglicher demokratischer Strukturen globaler Repräsentation, von regelmäßigen Berichten, von Konsultationen mit zivilgesellschaftlichen Akteuren, von der ausdrücklichen Wahrung bestehender völkerrechtlicher Rahmen. Doch Amina wusste, dass die politische Bedeutung dieses Textes weit über seine juristische Zurückhaltung hinausging. Sobald er angenommen war, würde niemand mehr glaubwürdig behaupten können, dass die Idee eines globalen demokratischen Forums außerhalb institutioneller Legitimität liege. Sie würde nicht sofort Realität werden, aber sie wäre Teil der offiziellen politischen Architektur geworden. Genau darin bestand Unumkehrbarkeit: nicht darin, dass etwas fertig war, sondern darin, dass es nicht mehr vollständig delegitimiert werden konnte. Ein Delegierter des Machtblocks meldete sich noch einmal zu Wort und sprach über Risiken, über institutionelle Überdehnung, über die Verantwortung gegenüber einer nervösen Welt. Seine Argumentation war rational, respektvoll, und niemand im Raum zweifelte an der Ernsthaftigkeit seiner Sorge. Doch als er geendet hatte, trat eine andere Delegierte ans Mikrofon und sagte einen Satz, der die Atmosphäre endgültig veränderte. „Die Welt diskutiert diese Frage bereits", sagte sie ruhig. „Wenn wir sie nicht in einen verantwortlichen institutionellen Rahmen aufnehmen, wird sie außerhalb unserer Verfahren weiterleben. Dann verlieren wir nicht nur Kontrolle, sondern auch Relevanz." In Manhattan sah Lina Koran die Meldung über diese Intervention wenige Sekunden nach ihrem Eintreffen auf dem diplomatischen Kanal. Sie las sie zweimal und stellte fest, dass ihr Herz schneller schlug, obwohl sie genau wusste, dass dies nicht der Moment für Emotionen war. In den letzten Tagen hatte sie gelernt, dass politische Geschichte selten aus heroischen Augenblicken bestand. Sie bestand aus Ketten von Entscheidungen, in denen Menschen versuchten, mit Unsicherheit zu leben, ohne ihre Verantwortung zu verleugnen. Jetzt war eine dieser Ketten dabei, sich zu schließen. „Sie bewegen sich", sagte David neben ihr. Lina nickte langsam. „Ja." „Wenn der Text durchgeht", fügte er hinzu, „können sie den Prozess nicht mehr komplett stoppen." Lina antwortete nicht sofort. Sie dachte an den Anfang der Bewegung, an die ersten kleinen Treffen, an die Zweifel, ob eine globale demokratische Idee überhaupt ernst genommen werden könnte. Und nun saß sie hier und beobachtete, wie Institutionen darüber abstimmten, diese Idee offiziell zu untersuchen. Es war kein Triumph. Es war etwas Schwereres. Es war Verantwortung. In Genf begann schließlich die Abstimmung. Sie verlief nicht dramatisch. Keine erhobenen Stimmen, keine pathetischen Gesten. Delegationen bestätigten ihre Positionen in der nüchternen Sprache diplomatischer Verfahren. Doch als die notwendige Mehrheit erreicht war, veränderte sich der Raum spürbar. Niemand jubelte. Einige Delegierte lehnten sich einfach zurück, andere schrieben sofort Nachrichten an ihre Hauptstädte. Amina blieb einen Moment sitzen und sah auf den Text auf dem Bildschirm. Der Prozess existierte nun offiziell. Nicht als Vision, nicht als Forderung, sondern als institutioneller Auftrag. In Wien hörte Noah die Nachricht über den internen Kanal der Redaktion. Der Moderator drehte sich zu ihm und fragte flüsternd: „Ist das der Durchbruch?“ Noah schüttelte leicht den Kopf. „Nein“, sagte er. „Das ist der Punkt, an dem Geschichte nicht mehr zurück auf Anfang springen kann.“ In Brüssel las der Staatssekretär die Bestätigung der Abstimmung auf seinem Tablet. Seine Kommunikationschefin sah ihn an, als wollte sie fragen, was nun folge. Er legte das Gerät langsam auf den Tisch. „Der Prozess ist jetzt offiziell“, sagte er. „Dann müssen wir ihn kontrollieren.“ Doch während er sprach, wusste er bereits, dass Kontrolle in diesem Moment ein komplizierteres Wort geworden war. In Manhattan sah Lina die endgültige Bestätigung auf dem Bildschirm erscheinen. Für einen Moment sagte niemand im Raum etwas. Dann fragte einer der jüngeren Organisatoren leise: „Heißt das… wir haben gewonnen?“ Lina sah wieder auf die Karte mit den Konsultationslichtern, die inzwischen fast jeden Kontinent überzogen. „Nein“, sagte sie ruhig. „Das heißt, dass sie jetzt anfangen müssen, uns ernst zu nehmen.“ Genau in diesem Moment erschien eine neue Nachricht auf Davids Monitor, markiert mit höchster Priorität aus dem Genfer Kanal. Er öffnete sie, las sie einmal, und seine Stirn zog sich zusammen. „Lina“, sagte er. „Es gibt eine Ergänzung.“ Sie sah ihn an. „Welche?“ David drehte den Bildschirm langsam zu ihr. „Der Beschluss enthält auch die Einberufung einer internationalen Vorbereitungsversammlung." Lina spürte, wie sich die Stille im Raum verdichtete. „Wann?" fragte sie. David schluckte leicht. „In drei Monaten."

30. Cliffhanger: offizieller Beschluss / Startpfad Richtung Weltparlament

By the time the final text of the resolution was projected onto the screens in Geneva, the room had already passed beyond the emotional register of victory and entered something colder, more difficult, and in some ways more historic: administrative reality. The words themselves were not grand. They were careful, layered, constrained by every fear that had shaped the last days and by every state that still needed to recognize itself inside the document even while yielding ground to a future it did not fully trust. The language spoke of a formal exploratory track, of preparatory institutional work, of structured civic consultations, of representational models to be examined under existing legal frameworks, of safeguards, review mechanisms, procedural balance, regional inclusion, and state participation. Anyone reading it without the memory of the last two books, without the weeks of pressure, the years of analysis, the nights of fear, the streets, the broadcasts, the arguments, the near-collapse, might have mistaken it for another dignified multilateral compromise. But everyone in that room knew better. They knew that a line had just been crossed, not because a world parliament existed, not because sovereignty had been overcome, not because a constitution had been written, but because the international order had just placed into its own official machinery a track that pointed, however cautiously, however defensively, however conditionally, toward the organized possibility of global democratic representation. In Geneva Amina Hassan sat very still as the final confirmation moved through the chamber and across the side channels, the internal legal notations, the formal logging procedures, the rapid briefings to capitals, the whispered translations, the secure messages already leaving the building for ministries, missions, editorial rooms and intelligence desks. Around her some delegates were already mentally reorganizing their next positions, trying to convert the loss of the old baseline into language of safeguards and influence, trying to decide whether they had just participated in a historic opening or merely conceded a dangerous concession under pressure. A representative from a state that had supported the text with visible reluctance leaned back in his chair and removed his glasses as if his eyes had become suddenly too physical for the room. A Latin American delegate exhaled and looked down, not smiling, almost as if she had expected this all along and feared it precisely for that reason. Across the chamber a member of the sovereignty bloc was already dictating talking points into a phone, using words like boundedness, vigilance, procedural discipline, national mandates, future guardrails. Even now, the resistance was reorganizing. That, too, was part of history. Amina did not move for several seconds because the full weight of the moment came to her not as elation but as a quiet structural clarity. The process was now embedded. No future government could honestly say the question of global democratic architecture existed only at the margins. No institution could claim it lay outside formal consideration. No critic could reduce Global System Change to pure agitation without also explaining why agitation had become recognized process. They could slow it, capture it, narrow it, distort it, bargain it, delay it, frame it, weaponize its ambiguities, perhaps even poison parts of it. But they could not return the world to the point before it had been admitted into procedure. Her phone vibrated once, then again, then a third time, but she ignored all of them for a breath longer and looked at the final annexed section of the text, the part that had changed at the last minute and which would, she knew, define the bridge to what came next. Preparatory International Assembly. Time frame: ninety days. Mandate: develop options, principles, procedural models, representational pathways, institutional interfaces. Not a parliament. Not yet. But no longer an abstract horizon either. In Manhattan the operations room of GSC had gone so quiet that even the hum of the machines seemed newly audible, as if everyone in the room had stepped at once into a space their bodies did not yet know how to occupy. Lina Koran stood beside David's terminal and read the confirmation message again, not because she doubted it but because the words felt too bureaucratic to contain what they had just done to the world. Three months. Preparatory International Assembly. Structured path. She had imagined, once, in the early days of the movement, that if they ever forced open a real institutional threshold the moment might feel larger, brighter, more cinematic. Instead it felt almost unbearably exact. Someone at the far end of the room sat down without realizing they had been standing. Another person laughed once, very softly, then put a hand over their mouth as if laughter itself were politically premature. David kept refreshing the diplomatic channel even though the result was no longer in doubt. Old habits, Lina thought. Or maybe not habits. Maybe this was what came after fear: disbelief that reality had actually changed. "Read it again," one of the younger organizers said, not as a command but like someone checking whether a door was truly there. David highlighted the section and read it aloud in English, then stopped halfway and switched to the more literal wording because it mattered now exactly which verbs had been chosen. Explore. Develop. Prepare. Interface. Consult. Report. Convene. None of those words sounded like conquest. That was precisely why they were dangerous to the old order. Lina listened, arms folded, her expression unreadable to almost everyone in the room except the few who had known her long enough to understand that this was the face she wore when the emotional pressure had become too large to display without distorting judgment. "So it's real," someone said. Lina answered without looking away from the text. "Yes." "And the Assembly?" "Also real." "In three months." She nodded once. No one cheered. She was grateful for that. Cheerfulness would have insulted the cost of the path that had led here and the weight of the work that now began. On one of the side screens the consultation map still glowed with hundreds and then thousands of civic gatherings, some of them already ending, people stacking chairs in libraries, leaving community halls, closing laptops in seminar rooms, stepping back into ordinary streets carrying with them the knowledge that the thing they had been discussing that evening was no longer only an appeal, no longer only a movement demand, but now a piece of official world procedure. In Toronto Mara remained seated in the library after most of the others had gone, her coat still folded over the back of the chair, the paper notes from the discussion spread in front of her in a disorder that suddenly felt more serious than before. A local organizer had just read the news out loud from a phone, first in disbelief, then slower, then once more because the room had collectively failed to trust the first reading. Some people had cried. Others had reacted with the suspicious silence of those who had spent too many years learning that systems rarely gave anything without taking something back later. Mara had not done either. She had stared at the line about the Preparatory International Assembly and felt the strange pressure of history becoming homework. Around the world, she realized, millions of people had spent years saying that the scale of politics no longer matched the scale of human consequence. Now, for the first time in her life, that mismatch had been officially named as a procedural problem to be worked on rather than as a rhetorical lament to be admired and ignored. She picked up one of the notes from the forum, written in hurried block letters by a retired teacher: Representation without dignity becomes management. Mara read it and thought that in three months such sentences might be sitting somewhere on a table in front of actual delegates. The idea almost frightened her more than the earlier fear had. In Vienna Noah Stein stood in the studio while a producer counted down with fingers rather than voice because everyone seemed to understand instinctively that tone mattered more than speed now. The network had changed its lower-third banner three times in the last five minutes because each version either overstated what had happened or failed to communicate its significance. Reform process anchored. Historic procedural breakthrough. Pathway opened toward global democratic forum. None felt adequate. Noah had just enough time before the live segment to glance at the split-screen feed from Geneva, Manhattan, and several capitals already reacting. In Brussels commentators loyal to the sovereignty bloc were insisting that strict guardrails had been preserved and that national legitimacy remained intact. In Geneva legal correspondents were explaining that the exploratory nature of the track limited immediate consequences. In New York political analysts were calling it the most serious institutional opening toward world-level democratic architecture in modern history. They were all right, in parts. That was the shape of such moments. No single sentence captured them without lying somewhere. The red light came on. The anchor asked whether this was the beginning of a world parliament. Noah shook his head immediately. "No," he said. "And anyone saying that tonight is misunderstanding the document." He paused just long enough for the seriousness of the correction to register. "But it is the beginning of something that matters almost as much. It is the point at which the international system has officially accepted that the question can no longer be excluded from procedure. A world parliament does not exist. A new order does not exist. But from tonight onward, the old order can no longer honestly pretend that the demand for global democratic representation is external to politics itself." Behind the camera, a producer mouthed perfect. Noah ignored it. He was thinking instead about Band One, about the first tiny chambers of language and frustration where the movement had seemed almost absurdly fragile, and Band Two, where legitimacy had become leverage and leverage had nearly become catastrophe. This, he thought, was the earned form of continuity: not a fantasy fulfilled, but a threshold crossed in exactly the way history usually allowed thresholds to be crossed—through fear, procedure, compromise, stamina, and a refusal to let panic define realism. In Brussels the state secretary of the sovereignty bloc stood alone for a moment after his staff had left to brief ministers and media teams. He looked again at the final language and then at the annex establishing the Assembly in ninety days. He understood immediately what too many more theatrical opponents of the process would fail to grasp. This was not a collapse. It was worse, from his point of view. Collapse could be reversed through restoration. This would require a different kind of fight. The center of gravity had moved inside the institution. The line of resistance could no longer be simply no. It would now have to become how little, how slow, how conditional, how bounded, how monitored, how deniable. He did not think in terms of destiny. He distrusted people who did. But as he stood there with the city dark beyond the glass, he knew that something irreversible had occurred not because the movement had triumphed but because his own side would now be forced to engage on altered terrain. "We did not lose control of the future," he said quietly to the empty room, though it sounded more like a correction than a belief. "We lost the right to exclude it." In Geneva Amina finally answered the waiting messages, one after another, moving now with the hard efficiency of someone who knew that the emotional meaning of the night would have to wait because its procedural consequences had already begun. Delegations wanted clarification on participation rules for the Assembly. Others wanted to insert notes on scope limitations into the next circular. A legal office wanted confirmation of reporting authority. New York wanted coordinated messaging by dawn. And then Lina's secure line opened on its own priority channel. Amina answered at once. For a second neither woman spoke because both understood that if they tried to summarize what had happened too quickly they would flatten it into something false. "You saw the Assembly clause," Amina said at last. "Yes." "It was added to secure the middle." "I know." "They will fight every inch of it." Lina let the words settle. "I know that too." Amina looked down briefly at the page in front of her, then back at the screen. "It changes everything." Lina's expression shifted almost imperceptibly, not toward relief, exactly, but toward that deeper burden she had been carrying since the movement first understood that it could alter real structures and not merely criticize them. "No," she said softly. "It changes what everything costs." When the call ended, Lina remained standing in the operations room while around her the team gradually re-entered motion. People were drafting response language, cross-checking the official text, preparing guidance for the consultation nodes, setting up overnight watch schedules for the inevitable backlash, pulling together the first possible frameworks for what an Assembly might require. David approached with a fresh list already forming on his tablet. Representation models. Translation protocols. Verification standards. Regional delegation principles. Civic submission architecture. Safeguards against state capture. Lina looked at the list, and for the first time that night the magnitude of the cliff ahead became more frightening than the climb behind them. She had spent years demanding that the world take the idea seriously. It just had. Now they would have to prove that seriousness could survive contact with construction. On the main screen a final wave of international reactions was coming in. Some governments called the resolution prudent. Others called it dangerous. Some news anchors spoke of a historic opening. Others of a fragile, contested procedural experiment. In city after city the consultation lights were still glowing, though some had begun to go dark as people went home carrying printouts, thoughts, fears, impossible hopes. The room around Lina felt suspended between exhaustion and commencement. One of the younger organizers said quietly, almost to herself, "Three months." Lina did not answer right away. She was watching a new live shot from Geneva where journalists clustered outside the building, trying to turn the night into a headline narrow enough to fit the screen. Finally she said, "No." Several people looked up. She turned from the monitor and looked at them one by one, at the faces that had carried the movement through improvisation, ridicule, surveillance, fracture, pressure, and fear into this impossible bureaucratic fact. "Not three months," she said. "Now." At that exact moment David's terminal emitted a sharp alert tone unlike the softer diplomatic notifications of the last hour. He looked down, frowned, opened the message, and for the first time since the vote his face changed in a way no one in the room could misread. Lina crossed to him before he spoke. The message came from a secure source in Geneva and was only one sentence long: Several major states are already preparing competing blueprints for the Preparatory International Assembly. Lina read it once, then again, and understood with a clarity so cold it almost felt like calm that the future had not merely been opened. It had already become a battlefield.

Zeitfracht Medien GmbH
Ferdinand-Jühlke-Straße 7
99095 Erfurt, Deutschland
produktsicherheit@kolibri360.de